# 不吼不叫培养好孩子

杨建峰　编著

扫码点目录听本书

中国民族文化出版社

北　京

图书在版编目（CIP）数据

不吼不叫培养好孩子 / 杨建峰编著. —北京：中国民族
文化出版社有限公司, 2019. 10 (2023. 6 重印)
ISBN 978 -7 -5122 -1262 -6

Ⅰ. ①不… Ⅱ. ①杨… Ⅲ. ①家庭教育 Ⅳ. ①G78

中国版本图书馆 CIP 数据核字（2019）第 202036 号

书　名：不吼不叫培养好孩子
作　者：杨建峰
责　编：牟　玉　张　宇
出　版：中国民族文化出版社
地　址：北京东城区和平里北街 14 号（100013）
发　行：010 -64211754　84250639
印　刷：三河市众誉天成印务有限公司
开　本：32k　880mm ×1230mm
印　张：6
字　数：136 千
版　次：2023 年 6 月第 1 版第 8 次印刷
ISBN 978 -7 -5122 -1262 -6
定　价：36. 00 元

# 前　言

一位妈妈这样说：

"我的女儿今年 10 岁，属于那种比较难对付的小孩。每次只要我们没满足她的要求，她就开始大喊大叫。凡事都要按她的想法去做，否则她就会把家里闹个天翻地覆。我老对她发火。假如我们做父母的能改善一下，女儿会不会不这么过分？"

现在，像这样的妈妈可以说是越来越多了。大部分妈妈都会朝孩子嚷，对孩子发脾气，往往是因为某些事情超出了我们所能承受的底线。当我们意识到自己"就像当年我妈妈冲我又吼又叫一样，冲我的孩子又吼又叫"，或者"喊得嗓子都疼了"，又或者"吼叫是因为不知道还有什么其他的方法能够让孩子听话"时，我们会觉得自己的教育方式不正确，然后我们会向孩子道歉，会重新找回耐心，平静地对待孩子。

解决子女的问题，要先解决父母方面的问题，也许后者才是更重要的环节。英国著名哲学家和思想家约翰·洛克早在 300 年前就提出：要尊重孩子，要精心爱护和培养孩子的荣誉感和自尊心。他曾断言："奴隶式的管教，其所养成的也是奴隶式的脾气。"洛克认为，孩子一旦懂得尊重和羞辱的意义之后，尊重与羞辱对于其心理便是最有力量的一种刺激。

对于孩子来说，妈妈对他进行理智的、没有吼叫的教育，他是很容易接受的，也会认真地去改正自己的过失。掌控情绪，才能掌握未来。在教育孩子的问题上，也是一样的道理。

本书全面总结了怎样做到不吼不叫教育孩子。做妈妈的一旦懂得了"不吼不叫"的教育精髓，学会控制自己的情绪，不喊不叫，缓和紧张气氛，就能读懂孩子的心理，让孩子自觉做出改变；一旦把这些方法付诸行动，就能轻松地让孩子健康、快乐地成长。

孩子是上天给我们的恩赐。我们有机会荣幸地成为照料他们的园丁——浇水、除草、施肥，满怀感激之情地将幼苗培育为茁壮的植物。

让我们勇敢把握抚育我们的子女的机会，同时保持开放的心态，使其成长自由。做最爱他们的管家，培养他们自信而成功地穿越生活中最令人生畏的激流的能力。

2019 年 10 月

扫码点目录听本书

# 目　录

**第一章　理解孩子，好妈妈才能不吼不叫**

孩子为什么总是说"不" / 001

"人来疯"宝宝心里在想啥 / 003

怎样剪断妈妈的"小尾巴" / 005

孩子总是欺负同学怎么办 / 007

孩子得了"多动症"怎么办 / 009

孩子犯了错误总是狡辩怎么办 / 011

**第二章　好好说话，让孩子理解你**

让孩子理解你，不是服从你 / 015

给孩子写信也能有奇效 / 017

缺乏沟通时间，你可以试试这样做 / 019

多一点儿赏识，让孩子更看重自己 / 021

真心期望孩子变好，孩子就会更好 / 024

第三章　面对冲突，冷静应对莫暴躁

用自然结果法解决与孩子的冲突 / 029

孩子当众发难的处理方法 / 030

用坚决的行动制止孩子的胡闹 / 032

有时忽视也是一种力量 / 033

要学会不用责骂来引导孩子 / 034

寻找疼爱与规训之间的平衡 / 038

第四章　不吼不叫，培养孩子的好品质

培养出一个有责任心的孩子 / 043

培养孩子诚实守信的好习惯 / 046

培养孩子勤奋的美德 / 051

　　　　教孩子学会宽容 / 054

第五章　用爱浇灌，给孩子一个健康的心理

　　　　让孩子的笑脸更灿烂 / 061

　　　　让孩子学会坚强地面对困难 / 064

　　　　让孩子把一件事情坚持做下去 / 068

　　　　让孩子学会表达爱 / 071

第六章　循循善诱，让孩子拥有好人缘

　　　　从小培养孩子善于交际的能力 / 075

　　　　培养孩子与人合作的能力 / 078

　　　　教孩子学会与人分享 / 082

　　　　让孩子学会尊重别人 / 086

　　　　让孩子学会说"不" / 088

第七章　耐心培养，孩子的智慧是教出来的

　　培养孩子抽象思维的能力／095

　　让孩子在想象中成长／100

　　培养孩子专注的能力／103

　　让孩子拥有善于观察的能力／107

第八章　巧妙引导，靠吼叫，孩子养不成好习惯

　　好习惯将使孩子受益一生／117

　　怎样对孩子进行诚信教育／121

　　让孩子成为真正的动手操作者／125

　　培养孩子持之以恒的习惯／129

　　不断强化孩子积极参与的意识／134

第九章　营造氛围，帮孩子塑造好性格

　　让孩子变得更坚强／141

让腼腆的孩子变得落落大方 / 145

提升孩子的受欢迎程度 / 151

培养孩子乐观的性格 / 156

天真活泼的孩子人见人爱 / 161

第十章 点燃热情，培养孩子的广泛兴趣

兴趣是孩子最好的老师 / 169

鼓励孩子对事物产生好奇心 / 171

从孩子的行为中寻找孩子的兴趣 / 174

孩子的兴趣是需要诱导的 / 176

对于孩子的兴趣要尊重 / 179

# 第一章  理解孩子，好妈妈才能不吼不叫

## 孩子为什么总是说"不"

妈妈带着刚满3岁的女儿丫丫和丫丫的表哥去踏青，路上，妈妈说："丫丫，让哥哥拉着你的手走，这样不会摔倒。"丫丫想都没想就很坚决地吐出了一个字："不！"妈妈听了，继续劝她说："哥哥拉着你会很安全的！"可丫丫还是倔强地说："就不！我就不！"于是，妈妈只好让丫丫的表哥主动去牵丫丫的手，这下可把丫丫气坏了，竟然大哭起来，不仅把表哥的手甩开了，还一屁股坐在地上不走了……丫丫的妈妈有些奇怪："女儿最近怎么总是这样反常呢？这么倔强，情绪也很暴躁，以前那个温顺可爱的女儿去哪里了呢？"

正常情况下，一周岁左右的孩子已经可以步行甚至小跑了，他们发现自己即使没有妈妈的帮助，也可以去自己想去的地方。与此同时，孩子开始对各种新鲜事物产生兴趣，思维也逐渐形成，并且开始试着表达自己的意见。

当孩子两岁左右的时候，运动能力、思维方式以及语言能力的发展会让孩子可以表达自己的想法和主张。这时候的孩子，任何事情都希望亲自去做，很讨厌大人的帮助，比如洗脸的时候会推开妈

妈的手；还不会用筷子，却偏偏要自己拿筷子吃饭，如果纠正他拿筷子的方法，他还会显得很不耐烦，甚至会大发脾气。

妈妈总是突然发现原本乖巧可爱的孩子怎么好像变了一个人似的，无论妈妈要求他做什么，他都是一样的回答，"不！"很多妈妈为此烦恼不已，甚至还可能会对孩子大打出手。

其实当孩子说出"不"的瞬间，妈妈就应该意识到自己的孩子长大了！他说出"不"，说明孩子正在形成自我意识，从此开始逐渐独立，不再任何事情都依靠妈妈了。"不"可以说是孩子向妈妈发出的独立宣言。

面对孩子的独立，妈妈应该高兴并且支持孩子的尝试。当孩子开始说"不"，并且一切都要自己去尝试的时候，妈妈一定不要批评孩子的失误，更不能对孩子的失误冷嘲热讽。比如，当孩子推开你的手一定要自己吃饭，最后却打翻了饭碗时，妈妈千万不能说："非要自己吃，打翻了吧？"这是对孩子独立要求的否定，会延缓孩子自我意识的形成。如果妈妈不顾孩子的想法，总是用命令的态度来对待孩子，这会让孩子感到耻辱，还会磨灭他想独立完成某一事情的意识，最后的结果只能是父母自己吃苦头。因为如果孩子小时候不能表达自己的主见，到了容易产生困惑的青春期甚至成年后，他可能就会因为情绪不能自控而出现更大的问题。

当孩子自我意识形成的时候，他很可能会提出很多无理的要求，这个时候妈妈要怎么办呢？难道就听之任之？当然不是，这时候需要妈妈开动脑筋去引导孩子形成好习惯。比如，当孩子自己不会穿衣服，给他穿上后他又偏偏哭着要脱下来坚持自己穿的时候，妈妈不要训斥孩子是在制造麻烦，而是要表扬他能够自己试着做事情；妈妈也可以不跟孩子说自己的目的，而是只把孩子放在特定的环境里。比如孩子应该睡觉的时候，妈妈可以直接把孩子抱到床上，这样就可以减少被孩子拒绝的机会。如果孩子仍然大喊"我不睡觉！"妈妈可以说"不是让你睡觉，你可以在床上玩一会儿"。

其实父母如果意识到孩子的反抗是长大的体现，就会每天都为孩子的成长而感到高兴，这样不论抚养的过程多么艰难，父母也不会感到累，反而会体验到看着孩子成长的乐趣。

## "人来疯"宝宝心里在想啥

"小麻雀"是王爸爸送给女儿的昵称，这个孩子从小就活泼好动，今年已经 4 岁了，虽然依然是个"小淘气"，但是有时也能坐下来安安静静地玩玩具或者看看书。王爸爸觉得女儿长大了，开始懂事了，非常开心。可是，每次带女儿去亲戚家，或者参加婚宴，又或者家里来了客人的时候，小家伙就会马上表现出"小麻雀"的本性，变得特别兴奋，欢呼雀跃、大喊大叫。一会儿打开电视机，把音量放到最大；一会儿上蹿下跳，模仿动物的叫声；一会儿又把洋娃娃抱出来，在客人面前玩过家家……如果爸爸妈妈制止她这种行为，她反而会闹得更厉害。

相信很多家长都遇到过这种尴尬的场面，甚至平时乖巧、礼貌的孩子也不例外。一旦有客人来了就会无理取闹、撒野，弄得父母很难堪，不知如何是好。为什么孩子会出现这种"人来疯"的现象呢？

儿童心理学家认为，家长对孩子的过度溺爱或者严厉管束有可能会造成孩子"人来疯"的现象。我们知道，现在的孩了大多数是"独生子女"，平时就是全家人围着孩子转，无限制地满足孩子的一切要求，从而导致孩子"自我为中心"的意识特别强。孩子从心里觉得自己的地位"至高无上"，而且也已经习惯了这种待遇。但是，在家里来了客人或者到别人家里做客时，父母关注的焦点发生了转移，把主要精力放在招待或应付客人身上了，对孩子的行为和心理状态没有平常那么敏感，孩子一下子感觉自己从"宝座"上摔了下来，心理落差很大，所以要通过任性、不听话等行为来引起父母、客人的关注，这实际上是在提醒父母：还有我呢，不要把我忘记了。

过度严厉的管束也会引发孩子的"人来疯"现象，平时家长不让孩子与外界接触，孩子就像笼中的小鸟，被抑制了爱玩的天性。如果家中来了客人，而且客人还夸奖孩子活泼，这时候家长又很宽容，不好意思当着客人的面训斥孩子。孩子就会敏感地感觉到这种变化，利用这个机会来解放自己。

另外，父母要反思家庭生活是不是过于平静了，日复一日，气氛单调，所以有人来做客才会打破往日的平静，给孩子带来强烈的刺激，使孩子"人来疯"。

那么，面对孩子的"人来疯"，父母应该怎么做呢？

首先，父母应该改善家庭教育方法，平时要多给孩子与外界接触的机会，多与人交往，以减少看见客人时的新鲜感。家里有客人来时，让孩子与客人接触，学会问好和招待，使孩子懂得一些待客之道。同时还要把孩子介绍给客人，这样可以使孩子感觉到不受冷落，大人们交谈的时候，如果不需要孩子回避，就尽量让他参与；如果需要孩子回避，也不要把孩子支开，而是可以派出父母中的一个去陪他。

其次，当孩子出现"人来疯"的行为时，家长不要急于改变这种情况，因为直接说教可能会使孩子产生逆反心理。为了改正孩子的"人来疯"情况，家长可以试着和孩子在一起玩，等孩子丧失了戒备心之后，再有针对性地慢慢沟通和解决问题，而不要只是一味强硬地要求孩子改正。

另外，在批评孩子的行为的时候，也要注意方法。如果孩子还小，家长应该抓住时机及时教育，让他清楚自己错在什么地方。要对孩子讲清楚，这种行为是对客人的不礼貌，大家都不喜欢。

注意最好不要采取过激的态度，因为那样不仅会让客人尴尬，孩子也听不进去。如果孩子比较大了，最好不要当着客人的面教训他，因为这时候的孩子自尊心很强，如果当着别人的面批评他，揭他的短，会让他觉得很难为情。

最后，家长也可以利用孩子的"人来疯"，引导孩子在客人面前展示自己的优点或者特长，出于爱在别人面前炫耀自己的心理，孩子在客人面前的表现往往比平时要好。

## 怎样剪断妈妈的"小尾巴"

4 岁的男孩天天最近经常缠着妈妈，成了一个不折不扣的"小尾巴"和"醋坛子"。天天以前都是自己睡觉，最近忽然要求妈妈和他一起睡。有一天，妈妈给他讲完故事，看他已经闭上了眼睛，便想悄悄离开。不料妈妈刚一起身，天天就猛地睁开眼睛，拉住妈妈的衣服央求道："妈妈，我想和你一起睡。"

另外，如果妈妈带着天天到公园，他也不愿意离开妈妈去和其他小朋友玩。如果勉强去和小朋友玩了，一旦看到妈妈在对某一个小朋友笑，天天就会马上冲过来抱着妈妈，对那个小朋友"示威"："这是我的妈妈！"

妈妈对此非常发愁，儿子这么黏人，长大之后怎么能成为一个有担当，能独立处理问题的男子汉呢？

其实这是一个很正常的现象。因为这个年龄段的孩子进入了情感表达的敏感期。当孩子到 4～5 岁的时候，他的情感世界会被父母的爱唤醒，他对情感也产生了更加深刻的认识。所以，这个年龄段的孩子特别喜欢跟妈妈和爸爸在一起，总是喜欢黏着父母，感受来自父母的温暖。这就是为什么孩子会忽然变得特别依恋妈妈的原因。

此外，这个年龄段的孩子还希望父母能够把爱都给他，不能分心，否则他就会怀疑父母是不是不再爱自己了。所以，如果妈妈去忙别的事情，或者跟其他小朋友稍微亲近些，甚至妈妈笑着跟别人说话他都会很难过，会马上跑过去阻止妈妈去做这样的事情，有的时候甚至还会哭闹不止。

那么这时候的父母应该如何满足孩子的情感需求，让孩子顺利地走过情感敏感期呢？

首先，父母要尽量满足孩子的心理需求。当孩子处在情感敏感期的时候，一般都会表现得比较"脆弱"，所以父母一定要理解孩子，尽量去满足他的心理需求。比如，当孩子晚上要求妈妈抱着他睡觉的时候，如果妈妈同意，他的感情需求就得到了满足。其实，表面看来是孩子要求妈妈抱抱，孩子真正的意思却是想要得到妈妈更多的爱，当妈妈哄孩子睡觉时，可以一边拍着孩子一边说："妈妈喜欢宝宝，妈妈会永远爱宝宝的！"这样，孩子的心理需求就得到了满足，孩子就会很快安然入睡。

其次，父母要给孩子表达感情的自由。因为孩子的语言能力发展并不完善，但是他们又急于表达自己的情感，所以，处于情感敏感期的孩子总是喜欢亲吻父母，会经常往父母怀里钻。 其实，这不仅是孩子向父母索取爱的过程，也是向父母表达爱的过程。 这个时候，父母应该高兴地接受孩子的感情，配合孩子，一定不要用自己的主观意识去解读孩子的行为，或者根据自己的心情去回应孩子。

不过值得注意的是，虽然孩子对妈妈产生依恋是正常的而且是成长过程中的必经阶段，也为孩子将来能够成功地与他人和谐相处打下基础，但是孩子的这种依恋不能长时间地存在下去。 随着年龄的增长，到了上小学的时候，如果孩子还是强烈拒绝和父母以外的任何人亲近，就属于过度依恋了。 这种过度依恋对孩子来说并不是好现象，所以，妈妈千万不要因为孩子眼里总有自己而感觉甜蜜。要知道，这种甜蜜的背后隐藏的是孩子成长的问题。

## 孩子总是欺负同学怎么办

8 岁的轩轩散漫、冲动、好斗，言行极具攻击性，一年级下学期就"闻名"全校。成绩门门"红灯高挂"，调皮捣蛋得出奇。老师见他头疼，同学见他害怕，上课破坏纪律，下课欺负同学，一会儿把同学的球抢过来扔掉，一会儿把女同学正在跳的橡皮筋拉得有十来米长，一会儿又故意用肩去撞对面过来的同学。如果谁说他一句，他就会对谁拳打脚踢。

孩子之所以欺负人，其实是调动了自己的心理防御机制，将自己所遭受的虐待和承受的痛苦转移到别人身上，并从这个过程中取得自己心理上的平衡。 孩子往往不懂得如何恰当地运用心理机制，那些曾经受过家庭虐待、遭受父母遗弃的小孩多数会选择这种心理防御机制。 他们不敢，或没有机会将父母带给他们的愤怒直接返还给父母，就把这种愤怒转移到另一个对象身上去了。这些"替罪羊"多为更加弱小的孩子，甚至是一些小猫、小狗等宠物。

孩子转移不安的方法通常是采取攻击性行为，也就是欺负别人。攻击性行为不单单指动手打架，它在不同的年龄阶段有不同的表现形式。幼儿园阶段主要表现为打架，也就是身体上的攻击；稍微长大一些的孩子则更多会采用语言攻击，谩骂、诋毁，有意给对方造成心理伤害。从性别上来分析的话，采取暴力攻击的多数是男孩，而女孩以语言攻击居多。

通常具有这些暴力行为的孩子，家庭都不太和谐。培养出暴力孩子的家庭通常也有暴力父母，孩子经常会被父母的暴力手段惩罚，这会使孩子产生一种抵触情绪，并把这种恶劣的情绪"转嫁"到别人身上，找别人出气；有时候父母喜欢看一些暴力电影，经常玩暴力游戏，这也会在无形中影响孩子的行为。此外，家长过度的溺爱也会铸就这种惹事的"小霸王"。有时候，父母看似为孩子好的一句话反而会引起孩子的暴力行为。

有儿童心理专家曾经提出过这样一个观点：那些总是去欺负别的小朋友的孩子，其实内心觉得自己是非常弱小的。的确，只有那些觉得自己非常弱小的孩子，才会通过欺负别人的方式来证明自己的强大。但是很明显，孩子的这种自我意识是非常不健康的。

那么，有哪些因素会使得孩子把自己定位为弱小的人呢？不管家长愿不愿意承认，都要对此负有不可推卸的责任。总是有些家长认为，自己的批评可以使孩子变得强大，但事实却正好相反，孩子不仅没有变得强大，反而会觉得自己是不被父母接受的孩子，在这个复杂的世界中只有自己才能帮助自己，这会让孩子顿时觉得自己很渺小。同时，家长的批评也会让他对人际关系产生很强的恐惧感，这种恐惧感很有可能会伴随他一生。在人际关系恐惧感的影响下，他不会交朋友。但是，如果孩子错过了学习如何交朋友的最佳时机，他以后都不会在社会交往中有很好的表现。

为了改正孩子的攻击行为，父母应该注意以身作则，停止自己的那些攻击性言行，创造一个良好家庭气氛；要注意控制让孩子看有暴力镜头的电影、电视节目，不让孩子玩有攻击性倾向的玩具；不要鼓励孩子的攻击性行为，要引导孩子进行换位思考，让他们放弃用暴力解决问题的想法。

## 孩子得了"多动症"怎么办

5岁的明明是个很难管教的男孩。他几乎没有一刻安静的时候，总是动来动去，即使是在房间里，也总是不停地跑跑跳跳，不是撞到茶几，就是打翻杯子。他出门之后再回家，身上总是青一块紫一块的，连自己都不知道是什么时候磕的。他吃饭的时候也不老实，总是扭来扭去，不能安静地吃东西。连睡觉的时候，他也在不停地动，一会儿踢开被子，一会儿把枕头弄到地上。

明明的妈妈听人说，得了多动症的孩子就是这样"屁股长钉子"，怎么也坐不住，因此她觉得孩子患上了多动症。但是，医生说，明明只是活动量过大而已，并没有多动症。

那么，什么是多动症呢？它和活动量过大有什么区别呢？

活泼好动是儿童的天性，也是他们的可爱之处。但是，日常生活中有些孩子不是活泼好动，而是不听家长、老师的劝阻，不分时间、地点地乱动乱跑，这些儿童很可能就是患上了儿童多动症。

儿童多动症又称为注意缺陷多动障碍，是一种以注意力缺陷和活动过度为特征的行为障碍，一般在学龄前出现，其中男孩多于女孩。

多动症的主要表现就是活动过度，多动症儿童经常不分场合地过多行动；但不是所有的活动量过大都是多动症，那只是多动症的一个表现而已。多动症患儿的行动往往没有目的性，做事经常有始无终。而活动量大的孩子行动是有目的性的，自己还会对行动进行计划。

此外，注意力不集中也是多动症的一个显著特点，与正常儿童相比，多动症儿童极易受外界的干扰而分散注意力，总是不停地从一个活动转向另一个活动。他们在任何场合都不能较长时间集中注意力，即使是在看动画片时也不能专心；而那些仅仅是活动量过大的孩子，在做自己喜欢的事情时，是能够全神贯注的。

情绪不稳、冲动任性，易激动、易冲动等都是多动症儿童的典型特征。有研究表明，80%的多动症儿童都喜欢顶嘴、打架，纪律性差，有的甚至还有说谎、偷窃、离家出走等行为。同时，由于注意力不集中，多动症儿童还会常常出现学习困难的表现，但是要注意的是，多动症儿童的智力发育是正常的。

多动症如果得不到及时治疗，将会影响一个人生活的各个方面。青春期时，患儿就会出现一系列问题，如逃学、反社会行为等。到成年期，虽然很多患者会发展出一套行为机制来隐藏多动症症状，但是他们无法避免多动症带来的影响：难以与他人融洽相处，因此导致社会关系紧张；很难较好地完成工作任务，从而无法维持固定的工作，收入低。

那么面对患有多动症的孩子，妈妈应该采取什么样的方法来最大限度地减少多动症带来的影响呢？

首先，妈妈要正视现实，给孩子更多的关心、教育和培养，带孩子去医院进行心理咨询和检查，听听医生的分析。如果确定孩子患有多动症，就要配合医生进行治疗。目前对多动症的治疗主要依靠药物，而且要在医生的指导下进行，家长不能胡乱给孩子用药。

另外，还有一系列的心理治疗方法，妈妈要协助孩子完成。首先是提高孩子的自我控制能力。妈妈可以试着给孩子一个简单的题目，让孩子在完成题目之前做好一系列动作。首先停止其他活动；然后看清题目，听清要求；最后回答问题。这种训练可以随时随地进行，比如当孩子要看书的时候，让孩子自己把书本、凳子摆好，打开台灯，完成这一系列动作之后再看书。需要注意的是，在进行自我控制训练时，任务要由简到繁，时间要由短到长，自我命令也要由少到多。

另外，在生活中，多动症儿童的父母还要注意以下几点。

（1）要正视孩子，不能歧视他，要有耐心地进行教导。

（2）对孩子的要求要适当。不要用对正常孩子的标准来要求患有多动症的孩子。要先把他们的行动控制在一定范围内，然后再慢慢提高要求。

（3）多动症儿童的注意力本来就很难集中，因此在孩子吃饭、做作业时，父母不要主动分散他们的注意力。

最重要的是，多动症患儿的父母一定要明白爱才是影响孩子治疗效果的决定性因素。父母应该全面了解孩子的病情，关心孩子，爱护孩子，这样孩子才能逐渐好转。

## 孩子犯了错误总是狡辩怎么办

田女士是一个讲民主、尊重孩子的妈妈，一般不会强迫女儿做什么事情，女儿也因此思维活跃、能言善辩，不过现在田女士却面临着一个困惑：女儿越来越喜欢狡辩，无论做什么事总有自己的理由，不愿意听取父母的建议。比如，孩子见到田女士的好朋友从来不叫阿姨，田女士告诉她这样不礼貌之后，她还是不叫，而且还列举了各种理由：我不喜欢叫；我不喜欢这个阿姨；我当时想睡觉等。几乎所有的问题，只要她不想做，都会有很多理由。田女士不禁为孩子的表现担心起来。

在一个民主自由、喜欢讲道理的家庭中，孩子比较容易养成能言善辩、自作主张的行为习惯，相应的，也容易变得不愿意听取别人的意见，喜欢一意孤行。好的教育应该让孩子既有主见，又能听取别人的合理意见，并对自己的行为做出调整。这样的孩子会对自己和他人的意见具有较强的分辨能力，不至于演变成顽固地坚持自己想法的人。

讲道理是值得提倡的教育方法，但是为什么很多父母感到给孩子讲道理没有用呢？对于孩子，尤其是12岁以下的孩子来说，他们的心理发展特点是以形象思维为主，还很难理解许多抽象的名词概念，因此这时候对孩子的教育应该以行为训练为主，最好不要用讲大道理的方式进行。比如，当孩子不喜欢叫"阿姨"的时候，不必讲很多为什么不叫"阿姨"是错误的大道理，只要培养孩子礼貌待人的行为习惯就好。

父母应该常常鼓励孩子说出自己的想法，不要以"小孩子什么都不懂"为理由，剥夺孩子表达自己的权利。如果孩子长时间得不到尊重，就会变得不自信，失去应有的创造力；或者会变得非常叛逆，无论遇到什么事情都要进行狡辩，与父母关系恶化。父母在给孩子建议时应该为他留下一定的自由选择空间，让孩子感到配合父母的建议是快乐的、身心愉悦的，这样他合作的积极性就会提高。

# ◇ 孩子"人来疯"怎么办 ◇

　　家长面对"人来疯"的孩子时，不要一味批评压制，而要教会孩子礼貌地和客人打招呼，也可以让孩子尽量参加大人间的谈话，以减少孩子看到客人时的新鲜感和表现欲。

# 高情商家教思维

1. 你知道当孩子对你说不的时候意味着什么吗？ 我们该怎样区分和判断孩子随意拒绝、任性和独立这些行为之间的界限？

_____

_____

2. 面对"人来疯"的孩子，你是怎样做的？ 效果如何？

_____

_____

3. 孩子过分黏人怎么办？ 如何帮助小孩子克服家长依赖症？

_____

_____

4. 对于有暴力倾向的孩子，如何帮助他学会控制好自己的情绪和行为？

_____

_____

5. 面对一个多动症的孩子，你是怎样做的？ 有没有制订计划帮助孩子改掉这个不好的习惯？

_____

_____

6. 在帮助孩子克服成长过程中的一些问题时，父母有没有站在孩子的角度去理解孩子为什么会这样？ 你觉得自己还有哪些方面需要提升，请记录下来。

_____

_____

# 第二章　好好说话，让孩子理解你

## 让孩子理解你，不是服从你

《新文化报》的记者曾经在一个地区的三所省重点中学向学生们发了 280 份调查问卷，结果令人震撼。

问题 1. 你的袜子谁来洗？

95% 妈妈或其他长辈洗；5% 自己洗。

问题 2. 你认为妈妈辛苦吗？

22% 一般；59% 很辛苦；19% 不辛苦。

问题 3. 你常与妈妈沟通吗？

22% 经常；26% 偶尔；52% 几乎从不。

问题 4. 你给妈妈做过饭吗？

20.5% 没有；66% 有过一两次；13.5% 经常做。

问题 5. 你为妈妈洗过脚吗？

17% 洗过几次；20% 只洗过一次；63% 从来没洗过。

问题 6. 你常对妈妈说感激的话吗？

39% 经常说；20% 只是偶尔；41% 几乎从不。

问题 7. 妈妈不高兴时，你安慰过她吗？

62.2% 有；5.4% 没有；32.4% 有一两次。

问题 8. 你觉得应该回报帮助过你的人吗？

20% 没考虑过；62% 应该；18% 不用。

问题9. 遇见教过你，并常批评你的老师，你会说话吗？

86% 不理她（他），假装没看见；14% 会主动上前打招呼。

在调查问卷中，有52%的孩子表示自己几乎从不和妈妈沟通。对于"你认为妈妈是否辛苦"这个问题，有19%的孩子觉得妈妈不辛苦。"我一点也看不出妈妈辛苦。她们每天早上起来给我做早饭，然后送我上学，晚上再来接我回家。天天如此，从来没有听她们说过自己很辛苦啊。"妈妈只是没有把生活的辛苦和沧桑挂在脸上，孩子们就以为自己的妈妈一点都不辛苦。

从另一个角度，很多妈妈总是以为，只要给孩子吃好穿好，让孩子听话懂事就行了，她们不愿意让孩子知道自己工作生活上的辛苦，也从来没有给孩子理解自己的机会，只是觉得自己既然不辞辛苦为孩子撑起了一片天，孩子就应该服从自己，听自己的话。但是，孩子并不认同这个道理，他们并不会认为自己一定要服从妈妈。其实，让孩子服从你，不如让孩子从内心理解你。当孩子越是了解妈妈付出的辛苦，就越会从心里理解和尊重妈妈，也才能真正心服口服地听从妈妈的劝告。否则，孩子只会觉得自己所得到的一切都是理所应当的。

其实，当妈妈与孩子之间地位平等、相互尊重、相互理解的时候，孩子往往能更好地感受到妈妈对自己的爱，以及妈妈做出的牺牲；当孩子完全从属于妈妈的时候，他们反而会无视别人为自己所做的一切。

如果你的孩子也是这样不理解妈妈，那就应该想办法引导孩子认真思考一下：妈妈每天不仅要做好自己的工作，还要费尽心思照顾全家人的生活，即使面对工作和家庭的双重压力，也很少跟孩子提起，实在是很不容易。妈妈空闲的时候，也可以和孩子讲一讲自己工作上的情况，让孩子对妈妈工作的艰辛心里有数。要让孩子明确这样一个观念：无论妈妈从事什么样的工作，都是靠自己的双手在劳动，凭自己的本领在吃饭，都值得孩子敬重。

为了让孩子更理解自己，妈妈可以试试以下这些方法。

（1）教育孩子学会理解他人。 凡事除了从自身的角度考虑之外，还要推己及人，站在他人的角度理解，这样才能不失偏颇。

（2）通过让孩子参加一些简单的家务劳动，让孩子学会珍惜妈妈的劳动成果。 在劳动的过程中，让孩子体会到做任何事情都不是轻易可以成功的，必须要付出努力才可以得到好的结果。

（3）最重要的一点，要和孩子建立亲密的沟通，让孩子了解妈妈的烦恼和辛苦。 妈妈可以在晚饭的时候和孩子多聊聊天，不仅要关心孩子的学习生活，也要让孩子知道自己在工作中遇到的问题和烦恼。

当孩子不能理解妈妈的苦心时，妈妈应该静下心来与孩子进行交流，告诉他你的困难、辛苦以及工作的状况，让孩子理解你、关心你，这样才能更有利于孩子的健康成长，建立良好的亲子沟通关系。

## 给孩子写信也能有奇效

在教育孩子的过程中，家长们常常会遇到这样的情况：自己有一肚子的话想对孩子讲，但是又不知道应该从哪里开始讲起。 尤其是遇到比较敏感的问题时，更不知道该不该对孩子说，怎么对孩子说。 其实，这个时候，家长们可以试试最原始的沟通方式——写信。

书信，自古以来就是人与人之间沟通的好方法。 给孩子写信，既可以避免与孩子面对面讨论敏感问题的尴尬，也可以让孩子在反复地阅读中平静自己的心情。

娜娜今年读高一。有一次，妈妈去学校开家长会的时候，老师告诉妈妈，娜娜最近似乎对一个男孩子很有好感，但是那个男孩子不理她。她的情绪一直很低落，成绩也有所下降。回到家后，妈妈把情况跟爸爸说了一下，爸爸一听火冒三丈。娜娜一回家，爸爸就吼道："小小年纪谈什么恋爱？有那时间还不如好好学习呢！"娜娜回家的时候本来就很忐忑，听到爸爸的责骂，马上就钻进自己的小屋哭了起来。

这时候，妈妈狠狠地瞪了爸爸一眼，然后去敲门想安慰女儿，可是女儿说什么也不肯开门。妈妈想了一夜，最后给女儿写了一封信，告诉她"妈妈很开心我的女儿开始知道喜欢别人了，这是一个女孩子成长过程中的必经之路。但是，女孩儿要想让别人喜欢，就必须要努力提升自己，让自己变得优秀，这样才能让自己喜欢的人欣赏自己。如果你足够优秀，你的未来还会遇到很多欣赏你的男孩子。但是如果你不能把这种喜欢转化为让自己出色的动力，那么你就会丧失让别人欣赏你、想要和你共度一生的筹码。现在，如果你能把这种失落转化为让自己变优秀的力量，也许那个男孩子就会对你刮目相看。如果多年以后，在那么多欣赏你的男孩子中间，你仍然喜欢这个男孩，那么爸爸和妈妈也不会阻拦你与他的交往。其实，妈妈很能理解你的心情，毕竟妈妈也是从你那么大的时候走过来的。如果你愿意听听妈妈的故事，那么我们找个时间单独聊聊好吗？"

给孩子写信，通过文字来表达自己的心情，不失为一种与孩子沟通交流的好方法。 如果有些话题实在敏感，可以用书信和孩子交流；有的时候父母犯了错误不好意思当面承认，也可以给孩子写封信表达自己的歉意。 其实很多时候，信不一定是要规规矩矩地按照格式来写，在信上给孩子画幅漫画，或者写上只言片语，都是与孩子沟通的渠道。

家长可以写一封长长的信塞进孩子的房门，也可以用便利贴贴在孩子的门上。 其实有的时候，家里准备一块小黑板也是不错的选择，当孩子对你不满，或者有问题被误解时，小黑板也可以是他发泄的工具。 当父母意识到自己的错误，在黑板上写下一句道歉的话，还可以很好地拉近亲子关系。

如果家长们善于利用书信，一定会为亲子关系的建立留下一抹靓丽的色彩。

## 缺乏沟通时间，你可以试试这样做

佳佳所在的学校布置了这样一项家庭作业：周末与父母闲聊，在周一的班会上要交流闲聊情况。

周末，佳佳的爸爸要到田里去掐豌豆头，佳佳为了完成作业也跟着去了。爸爸在前面掐，佳佳在后面跟。佳佳不时发问："豌豆头被掐了，它会疼吗？ 还能长出新头吗？ 豌豆怕冷吗？ 会被冻死吗？"对于她的问题，爸爸全都不厌其烦地一一做了回答。后来佳佳告诉爸爸，跟爸爸闲聊，使她长了不少知识，也感到很快乐。

其实，父母与孩子之间的相处从某种意义上来说，与夫妻关系有相似之处。 如果夫妻俩白天都忙于工作，回家后依然正经地说话，那么家庭就不会有朝气和活力。 同样的道理，父母白天有许多工作要做，孩子有许多功课要学，如果在父母下班、孩子放学后，父母还像上班时那样正经八百地和孩子说话，父母和孩子之间的感情就不容易得到很好的沟通，也会使双方的距离越来越远。 在家庭休闲生活里，父母和孩子之间如果来点"废话""闲话"，作为生活的"调味品"，可以使自己和孩子的情绪都得到放松，在无形中达到思想和情感的沟通。

"调味品效应"原本是指夫妻之间由于说些"废话""闲话"而产生的心理交融现象。 这种废话、闲话，对生活起到了"调味品"的作用，也就是给感情生活增加了点缀和调剂，使之更加丰富有趣；也使夫妻在不断闲聊中，一点一滴地增加相互的了解，更容易形成默契，减少误会的产生。 夫妻之间这种类似调味品的"废话"，其实并不是"废话"，它可以使两颗心靠得更近，使双方思想更加协调，感情更加融洽，生活更加美满。

在家庭教育中，父母和子女之间也可以利用"调味品效应"，来达到使家庭氛围和谐、亲子之间沟通更顺畅的目的。

也许很多家长会说："我一天到晚忙得要命，哪里来的闲工夫和孩子瞎扯？"其实父母忙，无非是忙工作、忙家务，为挣钱，归根到底在很大程度上也是为了孩子忙。

其实，与孩子沟通，并不需要拿出大量的时间与孩子聊天。 做家务的时候，工作的间隙，都可以拿来与孩子闲聊一下。 闲聊可以丰富孩子的生活，使孩子的情绪得到调剂和放松，同时也不要小看闲聊的作用，在闲聊中，父母同样可以及时了解孩子的思想动态，为进一步有针对性地进行教育打下基础。

如今的孩子大多数是独生子女，虽然物质生活比较优越，但是精神生活却相对空虚。 孩子们周一到周五的时间都在学校度过，有老师和同学相处倒还算充实。 可到了周末这两天，父母只顾上班或干活儿，而顾不上孩子。 孩子在完成作业之后，只能与电视为伴，从而会感到十分孤独和无聊。 如果这时候，父母抽出一点时间与孩子闲聊，就可以让孩子的课余生活变得更丰富，更有意义。

与孩子闲聊的话题有很多，从天文到地理，从凡人到名人，从思想到生活，从学习到玩耍……只要是孩子感兴趣的，都可以拿来聊。 教育学家总是在大声疾呼：孩子的思想教育不能放松。 其实跟孩子闲聊，就是对孩子进行思想教育很好的方式，而且闲聊在改变孩子不良的心理和行为方面，有着独特的作用，因为闲聊可以生动地让孩子明白道理，而不会因为枯燥的说教让孩子从心理上感到压力，或者产生逆反心理。

当然"调味品"并不是越多越好，它不能充当"主菜"，否则就起不到"调味"的作用了。 但是，父母与孩子之间的闲聊，可以"润物细无声"地向孩子传输某些知识和观念，还可以密切亲子之间的感情，在这一点上，闲聊有着不可替代的作用。

## 多一点儿赏识，让孩子更看重自己

父母认为孩子"好"还是"不好"，对孩子一生的影响的确很大。 作为父母，如果敢于肯定自己的孩子，对孩子发出"你一定能行"的正面信息，就会使孩子对自己越来越有信心。 相反，如果父母总是对孩子心存过度的担心和保护，对孩子发出的是"你不行"的负面信息，那么时间长了，孩子就会真的认为自己不够好。 孩子能否有足够的自信心，实际上很大程度取决于父母和老师的态度。

心理学上有一个名词叫作"马太效应"，它来自于《圣经新约》中"马太福音"部分的一则寓言。 其中有这样一句话:"凡有的,还要加给他叫他多余;没有的,连他所有的也要夺过来。"这句话通俗的解释就是说,好的往往更好,坏的往往更坏;多的往往越多,少的往往越少。 1973 年,美国科学史研究者莫顿曾经概括过这样一种社会现象:越是有声望的科学家,越能够获得更多的奖项,而越是不出名的科学家得到的奖项就越少。 莫顿将这种社会现象命名为"马太效应"。

强者越强,弱者越弱,这种效应在学校教育和家庭教育中普遍存在,如果稍微不注意的话,就很容易导致"优生更优秀,差生更差劲"的现象。 在日常生活当中也经常会出现这样的现象,家长总是夸耀那些听话、学习好的孩子,而对那些不听话、学习差的孩子持有批评的态度,时间长了之后,这两种孩子的发展就拉开了距离。

当然,任何事情都是过犹不及,假如有一个品学兼优的学生,无论是学校领导、班主任还是家长都很喜欢他,这些看似能够使他更"优秀"的因素,却不能给他带来快乐。 有些孩子,老师越是夸奖,家长越是宠爱,他就会越发骄傲自大,目空一切。 这样的孩子极有可能会遭到别人的嫉妒、疏远、仇视、孤立。 这也并不利于那些好孩子的心理健康,他们很有可能会在学习和生活中形成一种不健康的认知体系和心理模式。


兰心今年上小学五年级了,她长得非常漂亮,学习成绩也不错,在全班总是名列前茅。不仅如此,兰心还能歌善舞,综合素质的发展比较全面,在学校中是个受欢迎的孩子。学校领导很重视她,班主任老师更是将她视为班级中的骨干,而在家中,兰心也是爸爸妈妈的掌上明珠,在家里说一不二。

但是，兰心并没有像家长、老师所期望的那样越来越优秀，反而变得自负起来，和同学之间的矛盾也越来越大。在这个学期开学之初，学校重新成立了班委会，班主任很想听听兰心的意见，兰心挨个儿说了同学的缺点，甚至刻薄地说：全班除了她自己，没一个人有资格当班干部。她的这种态度，引起了同学们的不满，最终在班干部竞选时，差了十几票落选，兰心当时就哭了，回家之后任凭父母怎么劝说她都不肯吃饭，因为这件事郁闷了很长时间。

表扬孩子是必要的，但是赏识也应该要有度，不能过分地赏识。

马斯洛说，人有自我实现的需要，获得赏识就是自我实现的最大途径了。一个没有得到过任何赏识的孩子，心理就是不健全的，这样的孩子很容易自卑怯懦，长大之后也很少有勇气去面对自己想要做的事情，成功的概率自然也会很低。

当然，赏识孩子并不是一件容易的事情，赏识得不够、赏识得过多，都会对孩子内心产生不良的影响。对孩子的赏识是一种教育的艺术，作为父母，要根据自己孩子的特点及心理，遵循一定的赏识原则，才能够让孩子在赏识中受益。

首先，赞赏要及时。如果孩子做了一件好事，或者取得了小小的成功，父母要及时给予肯定，及时的赏识可以强化他的记忆和感受。

其次，要根据具体的事物进行赏识和表扬。一些不符合孩子内心的空表扬，对孩子来说并没有什么效果，所以，表扬一定要很具体，让孩子知道自己为什么会受到表扬。比如，孩子帮助老人拿东西，妈妈夸奖说"宝宝今天真乖"，孩子可能不会有什么感觉。 如果妈妈说"宝宝今天帮助老奶奶拿了东西，做得真好"，孩子就会觉得自己得到了肯定，就会很高兴。

最后，要发自内心地表扬孩子。 如果爸爸妈妈对孩子的表扬并不是发自内心的，那么这样的表扬就是虚伪的，孩子也不会觉得这些表扬有什么意义。 赏识是一种交流，如果用假话来哄孩子，那孩子是不会相信的。 所以，在赞赏孩子的时候一定要发自真心，让孩子感受到你的真诚。

## 真心期望孩子变好，孩子就会更好

无论是谁，都是既有优点也有缺点，既有长处也有短处。 但是，有的孩子心理承受能力比较差，别人说不得、碰不得，听了别人的批评自己就受不了了，甚至还会因为一两句话而轻易放弃自己的生命。 这样的脆弱心理，一方面是从小被父母娇宠惯了，不能够清楚地认识自己，另一方面则是过于自卑，不相信自己。

家庭是教育孩子正确看待他人的启蒙学校，父母双方先要能够客观地评价对方，比如，爸爸评价妈妈"是个热心人，但是比较粗心"，妈妈评价爸爸"很稳重，有责任心，但是过于挑剔"。 孩子生长在这样的环境当中，从小就会有这样的概念：尺有所短，寸有所长。 如果父母在生活中总是说对方坏话，那么培养出来的孩子就会是个心胸狭隘、爱搬弄是非的人。 所以，父母的言行，都会在潜移默化中影响孩子。 当父母给予孩子评价时，如果能够在符合客观实际的基础之上再多一些肯定，那么，孩子一定会朝着父母鼓励的方向发展，这一点是毋庸置疑的。

这个道理，在心理学上有一个专门的名词叫作"配套效应"。

18 世纪法国有一个哲学家名叫丹尼斯·狄德罗。有一天，朋友送给他一件考究的睡袍，当他穿着这件华贵的睡袍在书房行走时，觉得周围环境很不协调：家具破旧不堪，地毯粗糙、不干净。于是，为了与睡袍配套，他把旧的东西先后更新，书房终于跟上了睡袍的档次。后来，他发现"自己居然被一件睡袍胁迫了"。

200 年后，美国哈佛大学经济学家朱丽叶·施罗尔提出了一个新概念——"狄德罗效应"，也叫"配套效应"，即人们在拥有了一件新的物品后，总倾向于不断配置与其相适应的物品，以达到心理上的平衡。

任何人对事物的看法都不是一成不变的，而是会随着自己的身份做出改变，当身份有所改变的时候，这个人看待事物的态度和立场也就自然而然地发生转变了，人会在这个过程中获得心理上的平衡。假如一个人的身份变了，但是态度和行为不能及时配合的话，这个人就会感到一种强大的心理压力，在这种压力下，不得不调整自己的心理，直到态度、行为与身份之间的不协调彻底消失为止。

洋洋原本是一个调皮捣蛋、不遵守班级纪律的后进生。一天，他与班上品行、学习较好的优秀生谢雨轩发生了争吵。

这件事被老师发现后，洋洋按照以前的"经验"，认为自己必先挨批，必先受老师呵斥，老师必"袒护"谢雨轩，但是，老师却一反常规，采取了"冷处理"，经过询问，搞清原委，分清是非，公正处理。结果洋洋大为感动，一反常态，主动向老师道歉认错；老师则因势利导，告诉洋洋："其实你有很多优点，比如，见义勇为、热爱劳动、具有很强的组织能力，像上次由你发起的篮球比赛，得到了同学们的一致好评。这些老师都是看在眼里的，老师想让你来当咱们班的纪律班长！你回去想一想，看采用什么方法能把班级的纪律管理得更好，想出一个方案给我，好吗？"

后来，洋洋为了做个好班长，一改原来的不良习惯，不仅遵守纪律、关心同学，把班级管理得很好，而且课堂上也变得很活跃，主动举手回答问题，不会的问题主动提问，结果成绩很快提高了。

这个故事当中的调皮小孩，在当上班长后，"身份"上的转变，迫使他对自己的行为和态度进行调整，尽量地改变自己以适应新的身份。所以，有的时候给孩子一些肯定，给孩子适当戴一顶"高帽子"，会促进他向着更好的方向发展，真心期望孩子变好，他就能够变好。

父母要想改变自己的孩子，不妨也给孩子几套有价值的"睡袍"，让孩子能够在潜移默化中朝着与"睡袍"配套的方向发展。相信孩子会在这样的过程中，努力调整自己的态度、行为与身份之间的差别，努力达到"配套合一"的效果。需要注意的是，不要让孩子感觉到你的目的是改变他的不良行为，而是要让他觉得你是出于真正的信任。

# ◇ 无论再忙，也不要忘记和孩子沟通 ◇

　　成功的教育并不只是给孩子提供最优越的物质条件，而是真正陪伴孩子，敞开心扉与他沟通。父母无论多么忙碌，都要抽出时间，参与孩子的成长历程。

# 高情商家教思维

1. 在你的家庭里，对于你的要求，孩子是理解你还是服从你？哪种情况多一些？

_____

_____

2. 你给自己的孩子写过信吗？ 如果没有，试着写一封，告诉他你很关心他，问问他的理想和兴趣是什么。

_____

_____

3. 试着每天找出自己孩子身上的 10 个优点，写下来，当孩子的这些优点出现时及时且由衷地去赞叹他！

_____

_____

4. 对待调皮的孩子，你会不会耐心地和孩子交流，并帮助他克服不好的习惯？

_____

_____

5. 在和孩子好好说话，理解孩子方面，你觉得自己做得如何？写下自己的成功经验，如果有什么不足也请写下来，在以后和孩子交流中加以改进。

_____

_____

# 第三章  面对冲突，冷静应对莫暴躁

## 用自然结果法解决与孩子的冲突

我们不应该再像过去那样，要求孩子绝对服从。对孩子不是施加压力和逼迫，而是要引导和影响；不是让孩子服从我们，而是要服从社会规范；不是用惩罚来制服孩子，而是要用结果来引导孩子。

　　5岁的吉米每次在要吃饭时不是正在看电视就是正玩得高兴，总是不来吃饭，气得妈妈只得打他几下。但有时刚刚揍完，他泪痕未干，就又东张西望不好好吃饭，或者是这顿好好吃，下顿又不按时吃。妈妈对此很为难，并且束手无策。

　　妈妈总是想要告诉吉米"让你吃饭你就吃"。而吉米的行动却告诉妈妈"我想什么时候吃，就什么时候吃"。

如果我们采取强迫手段，一定要孩子吃饭，孩子就会反抗，互相对抗的结果会变成我们在鼓励孩子反抗。如果妈妈和孩子天天较量，这种关系就很难改变。我们不妨用自然结果法来解决这个问题。如果叫了吉米两声，他还不来按时吃饭，等大家用完餐后，就把饭菜收起来，不再给他吃。如果他再来要零食，要喝牛奶的话，则坚决不给，要吉米等到下顿饭一起吃，就这样坚持下去。 吉米饿了，又不能吃零食，下次就会按时来吃饭。 我们的态度应该很明确，"吃饭是自己的事，你不来吃，就只有饿肚子。"

　　在各类撤退方式中，妈妈们喜欢用的一种技巧是躲入洗手间，通常洗手间里设有梳妆台，还可以准备一些书。 因为洗手间是最私人的地方，躲入这里便是挂起了"请勿打扰"的牌子，如果在里面再装上一个收音机，挡住从外面传来的吵闹声，这里可以说是最理想的撤退场所了。

　　5 岁的珍珍要妈妈带她去儿童游艺室，妈妈解释自己正在准备晚餐，等一会儿爸爸回来再带她去，现在她可以先看一会儿电视或干其他事情。珍珍安静了一会儿，又回来找妈妈，提出同样的要求，说她等爸爸已经等不及了，妈妈说："爸爸已经在路上，快回来了，等爸爸一进门就带你去。""我不想等，我要现在就去，我不管你现在正在干什么！"看样子珍珍要闹一场了，这种情况以前也出现过。妈妈一看苗头不对，摘下围裙走进卫生间将门反锁上。任珍珍在外面又吼又叫，就是不予理睬，"开门，让我进去！""我要方便一下，不要吵！"妈妈说完便不再说话，任珍珍在门外敲打。最后，珍珍说："妈妈你出来，我不闹了，我等爸爸回来。"随后没有了声音，又过了一会儿，妈妈开门出去，见珍珍正在自己的房里画画，她抬起头看了妈妈一眼，妈妈赞许地冲她笑了一下，转身回到了厨房。

## 孩子当众发难的处理方法

　　我们应该让孩子知道，在家中的一些不良行为，由于父母的疼爱，勉强可以逃避责难，可是在公共场合，虽然父母会同情孩子，但绝不能保护他不受外界的谴责。

　　4岁的特特喜欢将桌子上的东西扔到地板上。有时玩得高兴时，突然间就会噼里啪啦把桌上的东西一扫而光。妈妈多次训导，甚至惩罚，他还是时常发作一番。有几次，他把好看的玻璃杯，还有其他用具都扔到地下摔碎了，妈妈很生气地教训了他一顿。元旦到了，妈妈带特特到科技馆去玩。馆里布置得很漂亮，其中一个展厅里还布置了舞台，进行元旦庆典表演。舞台的一张桌子上摆着做道具用的饼干。演出开始前，几个小孩在舞台上玩耍，特特也要上去玩。妈妈见他在舞台下待得实在很无聊，就叮嘱他上去后不要乱动，便由另外几个孩子将他拽了上去。开始几分钟，特特表现得还不错，随着另外几个孩子在上面蹦蹦跳跳，但他玩得忘乎所以起来，走到桌子前一举手，就把桌子上摆着的几块做道具用的饼干打到了地上。这时，饰演老奶奶的演员疾步走来，一边将饼干捡起，一边大声对特特说："你要干什么？下去！"妈妈从来没有这样大声训斥过特特，特特一下子愣在那里，他眼里充满了惊恐，妈妈过来伸手将他接了下去。妈妈虽然有些怪那位演员对特特过于严厉，但一想这样可以给特特一个教训，或许比自己以往讲道理更有用，就抱起特特，没有说任何安慰的话。"老奶奶为什么骂你？""我打掉了饼干。""对不对？""不对。"特特流着眼泪一副可怜兮兮的样子说。妈妈什么也没有说，只是用手绢给特特擦了一下眼泪。演出开始了，特特安静地坐在那里，再没有生任何麻烦。随后几天，妈妈看到特特在行为上有了明显改进。

特特因为自己的行为尝到了当众受训的滋味。如果妈妈婉言安慰，用同情来维护特特不受伤害，那么特特就会认为妈妈是站在他这边，妈妈同情他，会保护他不受外界的谴责，自己的这种行为不但在家里可以逃脱责难，在公共场合也一样可以通得过。这种错误的理解会进一步鼓励特特的行为。妈妈明智地让他独自承担了这一教训，没有指责演员的粗暴，让现实后果教育了特特应该如何约束自己的行为，显然是很有效的。

## 用坚决的行动制止孩子的胡闹

有客人在场，不能花时间教育孩子，也不能当着客人的面发太大的脾气，而孩子又不懂自重，令大人十分尴尬。所以说要用最坚决的行动，低缓简明的话语，制止孩子的胡闹。

　　妈妈和爸爸正在客厅里陪客人聊天，马东来到客厅看了一眼，在父母的暗示下离开了。

　　一会儿，马东又返回客厅，让妈妈给他的作业签名，妈妈照办了。不一会儿，马东又回来说明天要上游泳课，要妈妈准备游泳衣，妈妈告诉他在哪里能够找到。马东走了一会儿，再次进来说找不到，要妈妈去找。"马东，等晚上妈妈再给你找，妈妈有客人。""不，我现在就要！"妈妈有些不好意思，但当着客人的面又不便发作，于是只能向客人道歉，起身带马东离开了客厅。

"马东，你若想在客厅听大人谈话，可以找本书在客厅里一边看，一边听我们聊天，但不许说话，也不要生出什么事来打扰我们。不然，就待在自己房间不要再到客厅里来，你看怎么样？""好的，没问题。"马东高兴地与妈妈回到客厅。但是5分钟后，马东就开始忘记妈妈的话，很冒失地插起话来，使谈话变得很困难。妈妈没有再说什么，站起身拉住了马东的手，将他领出了客厅。

在过道里，妈妈轻声，但严肃地对马东说："看来你更愿意回自己的房间去，去吧！"马东自知无理，便上楼回到了自己的房间。

## 有时忽视也是一种力量

有人说沉默是金，其实这只说出了沉默内涵的一个方面，在对孩子的教育中，忽视也是一种力量。

妈妈和4岁的西西在车站等车，西西看见旁边有一家饼屋，一定要去买吃的。"亲爱的，你今天已经吃了两块糕点了，我们回去马上就吃饭，不能再给你买了。""不，我要吃，我要吃！"西西拉着妈妈的手扭动起来。妈妈将眼睛盯着路上来往的汽车，不再作声。"你在看什么？""看汽车，亲爱的。""我要买饼干！"妈妈没有回答，眼睛又回到汽车上。西西突然意识到再闹下去，妈妈就要上车走了，他也许会被丢下，那可糟了，便很知趣地看了妈妈一眼，说："我们一回家就吃饭，西西不再吃饼干了。"

"西西讲道理，这才是乖孩子，真懂事。"妈妈这一招很管用，西西被"震"住了，终于跟着妈妈回家了。

## 要学会不用责骂来引导孩子

一些父母，经常借发怒来发挥作用，而不是用行动来发挥作用。这会让你精疲力竭并且丝毫不奏效！试图用叫喊来控制孩子，就像仅靠按喇叭来驾驶汽车一样无效。

让我们来思考一个例子，在漫长、紧张、如旋风般的一天之后，这种情况有可能在成千上万个家庭中的任何一家发生。

因为非常疲劳，妈妈想早点休息，打算让她的孩子洗澡上床。但是8岁的利利却不想马上睡觉，利利坐在地板上，玩着他的玩具。妈妈看了看表说："利利，已经快9点了（夸张了30分钟），收拾起你的玩具去洗澡。"此时，利利和妈妈都知道并不是叫他立即去洗澡。妈妈只是希望他开始想洗澡这件事儿。

大约10分钟以后，妈妈又说话了："利利，现在越来越晚了，你明天还要上学，我希望你把这些玩具收拾起来，赶快去洗澡！"她仍然没有打算让利利服从命令，并且利利也知道这一点。妈妈的真实意思是："我们的时间又少了一点，利利。"利利拖拖拉拉地四处走走，并堆起一两个盒子以表示他听到了妈妈的话。然后，他坐下来又开始玩。

6分钟过去了，妈妈又发出了一个命令，这一次她的声音中多了一些愤怒和威胁："现在听着，小家伙，我告诉你赶快行动，我是认真的！"对于利利来说，这意味着他必须收拾起玩具，然后磨磨蹭蹭地走向洗澡间的门口。如果妈妈很快地过来催促他，那么他必须火速地执行交给他的任务。如果妈妈在完成这固定程序的最后一步之前转移了注意力，或者如果电话响起，那么利利就可以再享受几分钟的自由。

　　利利和他的妈妈都卷入了一场熟悉的独幕话剧。他们都明白规则及对方所扮演的角色。整个场景是事先安排好的、计算机般程式化的、照原稿演出的。实际上，这只是日复一日重复上演的一幕话剧。每当妈妈想让利利做他不喜欢做的事情时，都要经过那些假生气的分级步骤，以平静开始，再以红着脸大叫和威胁结束，利利直到她达到爆发点之前都用不着行动。

　　妈妈是依靠空间的威胁来控制利利的，所以她必须一直保持半激怒状态。她与孩子之间的关系被损坏了，她永远也别指望能得到孩子的立即服从，因为她达到令人可惧的愤怒程度至少需要5分钟。

　　用行动去获得期望的行为该有多好啊。当父母平静地要求孩子服从，但孩子却置之不理时，妈妈或爸爸应该有一些办法让孩子接受合作。妈妈应该平静地告诉利利去洗澡。如果他不立刻行动，就应该捏他的肩膀一下，使他有些轻微的痛苦。如果利利知道这个程序或其他一些不愉快的事会永不改变地发生在他身上，他就会在结果出现之前行动。

一些读者可能认为，对孩子故意地、有预谋地使用轻微痛苦的办法，是做了一件残酷、没有爱的事。对另外一些人来说，它看起来像纯粹野蛮的事。假设要在喜欢对孩子发脾气、尖叫、威胁的母亲与一个对孩子不服从进行合理的、有节制的反应的妈妈之间做出选择，人们当然欣赏后者。因为这避免了两代人之间的冲突，一个比较安静的家庭对孩子更适宜。

另一方面，当孩子发现在他听到的上百次的话语背后并没有威胁的时候，他就不再听这些话了。他唯一会做出反应的就是那些已经达到情绪顶点的信息，这意味着要一遍遍大喊大叫。孩子被引到了对立的方向，使得妈妈的神经以及父母和孩子的关系变得紧张。但是，这些口头申斥最重要的缺陷就是它们的使用者最后不得不寻求体罚。这样，父母就不是平静并理智地实施规劝，而是失去了自控、沮丧、野蛮地痛打对抗的孩子。已经发生的战争是没有理由的。如果父母持一种很有把握的平静态度的话，事情完全可能以非常不同的方式结束。

妈妈轻柔地、几乎是高兴地说："利利，你知道在你不听我的话时会发生什么事吗？但是如果你坚持的话，我可以跟你一起玩游戏。当计时器响起的时候，让我知道你的决定是什么。"

然后，孩子就会做出那样的选择，并且他服从妈妈命令后的好处也就很清楚了。妈妈则不需要大喊大叫、不需要威胁、不需要变得心烦意乱，而却拥有支配权。当然，如果必要，妈妈要证明两三次她会使用疼痛或其他的惩罚方式。在以后的几个月中，利利偶尔会看一看妈妈是否仍控制着局面。这个问题很容易处理。

肩膀上的肌肉可以非常有效地导致轻微痛苦。在那些数不清的大人和孩子发生面对面冲突的场合之中，都可使用这个方法。

家庭之外的纪律与家庭之中的纪律并不是十分不同。 在两种环境之中控制孩子的原则是相同的，只是应用方式改变了。 一位想用怒气来控制一群孩子的教师、教练或游戏领导者，一定会受到难以置信的挫败。 孩子们会试探大人在采取行动之前能忍耐多久，他们会一直把他或她逼到那个极限。

　　千万不要低估一个孩子对他正在破坏规则的意识程度。 大多数孩子对否认大人权威的事进行了相当的分析，他们会事先考虑行为，并且权衡了可能发生的后果。 如果赌注太大了，他们会采取更安全的方式。 这个问题已经在成千上万的家庭中得到了证实，在那些家庭中，一个小孩会把一个家长推到忍耐极限的边缘，而在另一个家长面前却像甜蜜的小天使。 妈妈抱怨道："瑞瑞十分在乎他的爸爸，但是却一点儿不理会我的话。"瑞瑞并不傻，他知道妈妈比爸爸更安全。

　　总而言之，父母必须认识到控制孩子最成功的手段就是掌握那些对孩子来说很重要的东西。 絮叨的讨论和空洞的威胁只能对孩子产生很少的作用，或一点儿也产生不了。 "为什么你不改掉毛病做正确的事呢，杰杰！ 我该拿你怎么办呢，儿子！ 天啊，看起来我不得不总是对付你！ 我真是不明白你为什么不按吩咐去做。 如果有一次，只有一次，你能做出符合你年龄的事该多好啊！"这种语言劝阻没完没了。

　　杰杰忍受着这种唠叨，日复一日，年复一年。 幸运的是，他有一种机能可以让他听到想听的东西而将其他的东西统统淘汰。 正像生活在铁路旁边的人甚至听不到火车隆隆而过的声音，杰杰学会了忽略他周围毫无意义的声音。

# 寻找疼爱与规训之间的平衡

父母与孩子的全部关系，都可以在介于疼爱与规训之间精心维护的一种平衡之中找到。疼爱与规训，这两个变量之间的相互作用是关键，与我们能成功培养孩子紧密相关。

人们长时间以来就知道，一个不被喜爱、不被触摸和抚慰的婴儿常常死于一种奇怪的疾病，这种疾病最开始被称为"消瘦"。他们会了无生机地在迎来第一个生日之前便死去。这种感情需求的证据在公元13世纪就已被发现了。更近一些年的上百个研究表明，生命的第一年中，母亲和孩子的关系对婴儿的成活来说是至关重要的。

疼爱的缺乏对孩子的影响是可以预料的，但是过度的爱或"超级的爱"也对孩子有危害，这一点却并没有得到充分的认识。有些孩子被爱或以爱的名义出现的东西给毁了。有些人过分地以孩子为转移，他们把自己所有的希望、梦想、期待和抱负都倾注到孩子身上。

一位紧张的母亲说，她的孩子是她生活中唯一的快乐源泉，在长长的夏日里，她的大部分时间都坐在房间的窗户前，看她三个女儿玩耍。她担心她们可能会受伤或需要她帮助，又或者她们可能会骑自行车到街上去。尽管她丈夫有强烈的怨言，她还是牺牲了对家庭的其他责任。她没有时间做饭或打扫房间，在窗前看管孩子的任务是她唯一的生活。她被她深爱的孩子可能受到伤害的危险所带来的恐惧紧张折磨着。

童年时期的疾病或突如其来的危险，对于很爱孩子的父母来说，总是难以忍受的，但是对于过分保护孩子的妈妈或爸爸来说，哪怕是最轻微的威胁也能产生难以承受的焦虑。不幸的是，父母并不是唯一受罪的人，孩子经常也是这种焦虑的牺牲品。他或她得不到允许去经历合理的危险——一种作为成长和发展的必要序幕的冒险。同样，对孩子的任何要求不能拒绝的家庭中，前面所描述的物质问题往往会发展到最严重的程度。孩子情感长期不成熟，是父母过分保护的又一个常见后果。

在控制孩子的极端家庭中，父亲和母亲通常都遵循一种相似的模式，父亲是一个非常忙的人，他深深地陷在工作之中。他从早到晚都不在家，而当他终于回来的时候，带回家的却是一个装满工作的公事包。他可能经常出差。当他偶尔在家并且不工作的时候，他总是精疲力竭地倒在电视机前看棒球比赛，他不想被打扰。因此，他管理孩子的方式是严厉而冷漠无情的。他时常发脾气，孩子们都知道要与他保持距离。

相反，妈妈则对孩子顺从得多。她的家庭和她的孩子就是她快乐的源泉。事实上，这已经取代了那些从她的婚姻中消失的浪漫火花，她为爸爸对孩子们缺少感情和温柔而担心，她觉得她应该通过向另一个方向倾斜来弥补爸爸的严厉。当爸爸不让孩子们吃晚饭就叫他们上床睡觉时，妈妈会偷偷地塞给他们牛奶和饼干。由于妈妈是爸爸不在时唯一的权威，因此在家中居支配地位的旋律是不成章法的宽容。妈妈太需要这些孩子们了，以至于不愿冒险去控制他们。

这样，两个家长权威的象征是相互矛盾的，孩子被夹在中间。孩子对任何一个家长都不尊敬，因为一个会破坏另一个的权威。这种自我毁灭的权威形式经常会埋下一颗反叛的定时炸弹，它会在青春期引爆。 大家所知道的最不友善、最野蛮的孩子就是从这种极端相结合的家庭中产生的。

如果我们想培养出健康、负责任的孩子，就必须寻求疼爱和控制的"中间地带"。

当你被孩子的反叛挑衅时，要取得决定性的胜利。 当孩子问"谁说了算"时，要告诉他答案。 当孩子咕哝着抱怨"谁爱我"时，让他投入你的臂膀之中，用感情将他包围。 尊敬孩子，不要伤害他的尊严，并希望从他那里得到相同的东西。 这样，你就可以开始享受到有权威的父母地位所带来的令人陶醉的好处了。

# ◇ 父母可以利用自己的权威解决问题 ◇

父母对孩子的关爱是必要的，但不能溺爱孩子，在必要时要拿出作为父母的权威，通过权威的态度解决问题。

# 高情商家教思维

1. 一言不合起冲突，你是如何解决和孩子的不同意见的？ 有没有成功的案例？

_____

_____

2. 你是如何制止孩子的无理取闹？ 面对你的这些措施，孩子的反应是怎样的？

_____

_____

3. 面对孩子的不听话，你是不是有过情绪失控的时候？ 在疼爱孩子和管教孩子之间，你是如何找到平衡点的？

_____

_____

4. 在面对不听话、不服管教的孩子时，你能不能做到冷静应对？ 如果做不到，请记录下来，并分析应该怎样做？ 孩子的成长离不开家长的进步。

_____

_____

5. 我们经常会对不听话的孩子发脾气，你有没有换位思考孩子为什么会不听话？ 孩子的行为有没有合理的因素？ 先理解孩子行为的合理性然后再平等地去沟通。

_____

_____

# 第四章 不吼不叫，培养孩子的好品质

## 培养出一个有责任心的孩子

孩子并不是天生具有责任心的，这是在适宜的条件和精心的培养下，随着年龄的增长和心理的发展而形成的。家庭是孩子的责任心赖以生长的土壤，父母对待孩子的态度、教育孩子的方法是孩子能否健康成长的重要条件。

责任心是孩子健全人格的基础，父母都希望自己的孩子有责任心，因为责任心是一个人立足于复杂的社会，能担当重任的重要条件。

责任心是指一个人对自己和他人，对家庭和集体，对国家和社会所负责任的认识、情感和信念，以及相应的遵守规范、承担责任和履行义务的自觉态度。责任心是孩子能力发展的催化剂。每个人都有一种积极向上的内在趋势。孩子在幼儿阶段所表现出各种主动尝试的愿望，正是一种责任心的萌芽，如独立吃饭、试穿衣服、手脏了自己洗等行为都是孩子责任心的表现。父母的责任是密切地关注他、帮助他、鼓励他，在孩子尝试的过程中，培养其意识，增强其自信，逐步使其成为独立自主，对个人、社会负责的人。

责任心的培养应遵循这样一个规律：从自己到他人，从家庭到学校；从小事到大事，从具体到抽象。不可想象，对自己不能负责的人，何谈对他人负责？ 对家庭没有责任心，何谈对社会有责任心？ 因此，家长对孩子责任心的培养应从家庭开始，从日常生活中的小事抓起，循序渐进，由近及远，从具体到抽象。

有责任心的孩子能运用自己的智慧、信心和判断力去做出决定，独立行事，考虑自己的行为后果，并且在不影响他人权利的情况下实现自己的需要。 他们明白自己的义务，并主动履行义务，愿意承担自己行为的后果。

家庭责任心主要是指能尊重其他家庭成员的权利，自愿承担家庭义务，为自己的行为承担责任。 一个具有家庭责任心的孩子，不仅能在现在的家庭生活中扮演好家庭成员的角色，在未来的生活中也有能力组织好属于自己的家庭。 他的一生不仅能享受到家庭生活的充实、快乐，同时也能创造出温馨、和睦的家庭气氛。

孩子作为家庭的一名成员，既应该享受其权利，也应承担一定的家庭责任，包括承担一定强度的家务劳动。 父母可以通过鼓励、期望、奖惩等方式，督促孩子履行职责，培养其责任心。 如果一个孩子在家庭中的责任心难以确立，将来一旦走上社会，就很难有社会责任心。

培养孩子的家庭责任感不仅在于家长是否具有家庭责任感，还在于家长是否给孩子锻炼的机会。 如果你不是一个尽职尽责的父亲或母亲，怎能对孩子进行责任心的教育呢？ 父亲与朋友玩麻将通宵达旦，不顾及对家人的干扰；母亲忙于在外应酬，家里一团糟，这样的父母又有什么理由和资格去埋怨孩子不愿回家呢？

在一个专制的大人王国里，难以培养出有家庭责任感的孩子。因为家长对孩子控制得太死，管制得太多，使孩子没有机会就某件事做出负责的行为，孩子做事只是服从，听命于大人的意见，而我们强调的责任感并不是指你的孩子应按照你告诉他的方式去行事，而是他能主动发现并自主地做出反应。

只有民主的家庭，才是家庭责任感生长的最佳环境。 在这样的家庭里，家长和孩子相互独立，但并非各行其是，漠不关心，而是彼此尊重又相互关照。 孩子受到重视，家长具有威信。 在讨论家庭中的责任与分工之前，父母应该反思一下自己是否是一个有家庭责任感的人？ 自己惯用的教育态度和方式是否有利于孩子责任心的培养？ 在抱怨自己的孩子缺乏责任感之前，先检查一下自己是不是孩子的榜样。 然后就有可能从抱怨孩子转而反思自己。 要想改变孩子，也应当从改变自己开始。 这是最关键的问题。

在家庭生活中如何创造或抓住机会培养孩子的责任感？ 关键是父母必须赋予孩子一定的责任，以便有针对性地进行教育。 空洞的说教是不能培养孩子的责任心的。 通过赋予孩子责任，或感受他们自己某些行为的不良后果，才能培养孩子的责任心。

那么如何培养孩子的责任感呢？

## 1. 自己分内的事自己做好

在家中，应该明确哪些事情是由爸爸妈妈来做的，哪些事情可以由爸爸妈妈帮孩子做，又有哪些事情是必须由孩子自己做的。 对第三类事情，必须给孩子一个明确的概念和范围，在不同的年龄给他制定不同难度的自理工作范围，对于这些，父母绝不要包办代替。

## 2. 家里的事、别人的事帮着做

要让孩子明白，仅把自己的事做好是不够的，因为他还是家庭、集体中的一员，他还有责任协助做一些家里的事、集体的事，以此来为家庭、集体尽责，只有这样，他将来才能为社会尽责。 要对自己的行为后果负责，就要善于抓住生活中的点滴小事，无论事情的结果是好是坏，只要是孩子独立行为的结果，就要鼓励他敢做敢当，不要逃避，要勇于承担后果。家长不应替他承担一切，以免淡漠孩子的责任感。

### 3. 要履行自己的诺言

从小教育孩子，自己答应了别人、许下了诺言就要尽全力履行诺言，即使自己不情愿也要这样做，因为这样做是对别人负责，也是对自己负责。

### 4. 要积极参加社会公益活动

要教育孩子，他们是社会集体中的一员，权利与义务是并存的，他有义务为社会做自己力所能及的事，这是培养孩子对社会负责的重要途径。

在家庭环境中有责任心的孩子，才能在更复杂的学校、社会环境中经受考验，得到修正和磨炼，最终成为一个自强、自立的人。

## 培养孩子诚实守信的好习惯

从小培养孩子诚实守信的好习惯，对于孩子来说终身受益。要从小事中培养，在大事中受用。久而久之，孩子就会变得格外信守诺言。

诚实守信是一个人最基本、也是最重要的品格，我们要把它作为对孩子进行人格教育的起点，诚实守信是一种言出必行、互不欺骗的优良品格。教育孩子养成诚实守信的好习惯，对孩子的成长是有很大影响的。要让孩子明白：一个人要诚实、不说谎、信守诺言，才能够建立起自己良好的信誉；如果经常说谎，就会令人觉得你的话不可靠，到你说真话的时候，别人也可能仍然不相信，到那时就后悔莫及了。

生活在社会大家庭中，每个人的行为都要受到社会规范的约束。社会规范不是玄妙的观念，也不是空洞的说教，而是一种行为法则，是植根于我们头脑中的，趋于本能的，对事物的理解与尊重。不论社会发展到什么程度或处于哪个时代，都有自身独特的对社会规范的理解，有自己独特的价值系统。不论是国内还是国外，都有一些共有的，对基本价值的尊重与遵守。这些基本的价值包括：诚实、勇敢、自律、忠诚、守信、无私和公正等。无论在家庭和学校，我们的孩子都在有意无意地接受这些价值观的熏陶，学校中更偏重于直接地灌输、纪律的约束和名誉的鼓励，那么在家庭中，如何最有效地培养孩子的道德、价值观念呢？

## 1. 父母要敢于承认错误

孩子养成诚实守信品格的习惯，首先是从模仿开始的，做父母的如果答应了孩子的事情就一定要做，努力为孩子树立诚实守信的榜样。一旦父母没有遵守诺言，就意味着为孩子种下了一颗不守约的"种子"。如果父母真的无法遵守诺言，一定要以道歉的方法予以解决，并且一定要告诉孩子遵守诺言是一种好习惯。

> "小安，我和你讲了许多次要遵时守约，否则会浪费别人的时间，也给别人留下不好的印象，你不这样认为吗？"
>
> "的确不好，不过，也没有什么大不了的。"
>
> 父亲有些生气了："千万别不把它当回事，你养成这样的毛病，长大后怎么办？还有谁会信任你呢？"

看见父亲生气，小安也有些沉不住气了："你是大人了，不是也过得很不错吗？没见你有什么麻烦呀？"

"你是什么意思？"父亲不懂为什么话题扯到了自己身上。

"你大概忘记了，好几次你答应我来参加我们学校的活动，我都告诉老师你会来，可是到最后也没看到你的影子。"

父亲想了想，很快回答："小安，我没有意识到自己的行为对你造成的影响，我当时的确有急事不能来，但我应当在事先或事后同你解释一下，甚至去向你的老师解释，我真的很抱歉，你能原谅我吗？"

小安很感动："没关系，我知道你很忙。下次打声招呼就可以了。"

"你们下一次家长座谈是什么时候？我一定安排好时间，当然如有意外我会和你联系，好吗？"

在现实生活中，许多父母都有可能不自觉地对孩子讲过一些不诚实的话，或者讲过的话没有兑现。这时候，父母一定要放下架子，以平等的身份向孩子承认错误，这样仍然会赢得孩子的信任。要知道，只有家长做出优秀的榜样，孩子才能受到良好的影响。孩子的道德观、价值观的构筑是从生活中一点一滴的小事开始的。

2. 给孩子树立诚信的榜样

要纠正孩子的不守信用，父母首先要做到言行一致。孩子的模仿能力很强，很容易受到某种行为的暗示。如果父母言行不一，不履行承诺，孩子就会受到暗示，跟着模仿。例如，父母如果答应了孩子星期天带他到公园去玩，就一定要去。如果临时有事，也要先考虑事情重不重要，若不重要，就要坚守诺言；如果事情确实比较重要，一定要向孩子说明情况，并争取以后找时间弥补。而且，应该尽量避免这种推迟或失约的事情发生，这样才能取信于孩子。

曾子是我国著名的思想家。有一次，他的妻子要出门，儿子要跟着一起去。妻子觉得孩子跟着很不方便，想让孩子留在家里，于是对儿子说："好儿子，你别哭，你在家里等着，妈妈回来杀猪给你炖肉吃。"

儿子听说有肉吃，就答应留在家里。曾子把这一切看在眼里，记在心里。

当曾子的妻子回到家时，看到曾子正在磨刀，就问曾子磨刀做什么。曾子说："杀猪给儿子炖肉吃。"

妻子说："那只是说说哄孩子高兴的，怎么能当真呢？"

曾子语重心长地对妻子说："你要知道，孩子是欺骗不得的。如果父母说话不算数，孩子长大后就不会讲信用。"

于是，曾子与妻子一起把猪杀了，给儿子做了香喷喷的炖肉。

父母的这种诚信行为直接感染了儿子。一天晚上，儿子刚睡下又突然起来，从枕头下拿起一部竹简就向外跑。曾子问他去做什么，儿子回答："我从朋友那里借书时说好要今天还的，虽然现在很晚了，但再晚也要还给他，我不能言而无信呀！"曾子看着儿子跑出门，会心地笑了。

"人无信不立"，为了培养孩子的诚信习惯，在日常生活中，父母对待孩子一定要诚信，不要说话不算话。有位母亲经常警告孩子，如果撒谎，他的鼻子就会变长。有人问这位母亲："如果孩子真的撒谎了，你有办法让他真的长出一个长鼻子吗？"显然，这位妈妈对孩子说的话本身就是不现实的，用这种方式来教导孩子不要撒谎是非常不可取的。

### 3. 适当奖惩

父母的言行一致、赏罚分明，会对孩子产生良好的效果。如果事先与孩子定好了制度，父母就要认真对待。对孩子行为的优劣，设有一定的奖惩原则。奖要奖得有理有据，恰到好处；惩要惩得心服口服，适可而止。奖励之前，要让孩子明白原因，以鼓励他继续坚持好习惯；惩罚之前，要警告孩子，犯错之后一定要按照奖惩原则言出必行，并且对他讲清楚，告诉他惩罚原因。

比如，为了让孩子养成按时起床的好习惯，父亲和孩子有这样一个小协议：每天早上必须 6 点起床，否则要放弃吃早餐的权利，并且要为自己失信的行为负责。

如果孩子哪天起床晚了，父母要言出必行，一定要把早餐收起来，让孩子明白诺言是不可随意破坏的。其实早餐的本身并不是最重要的，而是要让孩子明白，每一个诺言都是认真的，是不可随意更改与破坏的。

诚信是人性一切优点的基础，诚信的品质比其他任何品质更能赢得尊重和尊敬，更能取信于人。诚信是立身之本，是一个人最宝贵的财产，它不但能让孩子保持正直，挺直脊梁，光明磊落地做人，还能给孩子以力量。

# 培养孩子勤奋的美德

培养孩子对学习的热爱，对学习的勤奋精神，以及让孩子接受一流的教育，是最重要的。事实上，一个孩子掌握知识的多与少，完全取决于他的勤奋程度。

"宝剑锋从磨砺出，梅花香自苦寒来。"意思是一切成功的背后都有辛酸的磨炼。只有具有坚韧不拔、吃苦耐劳的精神才能成才。

"书山有路勤为径，学海无涯苦作舟。"浏览一下历史我们会发现，不论是善于治国的政治家，还是胸怀韬略的军事家；不论是思维敏捷的思想家，还是智慧超群的科学家，他们之所以在事业上会取得不同凡响的成就，都是与他们的勤奋好学分不开的。

在浩瀚的宇宙中，所有的事物都在根据自身的规律永不休止地运行着。"世界上最伟大的法则就是工作，"有人说，"工作使有机的事物缓慢而有条不紊地朝着自己的目标前进。"任何地方一旦停止了活动，那么，就一定会后退。我们一旦不再使用自己某个部分的器官，它们就会开始衰退。只有那些我们正在使用的东西，大自然才会赋予其力量，而那也是我们唯一能支配的东西。

现在的父母们望子成龙的心情太过急切，常常重视孩子的智力开发，而忘记培养孩子一些决定他们命运的好习惯。为了把你的孩子打造成一个你心目中的"天才"，就要用正确、合理的方法去培养孩子，激发他们的斗智，通过自我努力、自我教育，形成勤奋刻苦的好习惯。

以下是给父母们的一些建议。

### 1. 通过劳动促使孩子勤奋

勤奋不仅表现在学习上，更表现在工作和劳动上。当孩子走上社会后，他的勤奋就直接表现在工作中。因此，父母在孩子小时候就要通过劳动来培养他们勤奋工作的好习惯。

首先，父母要树立勤奋工作的榜样。许多时候，父母会做一些艰辛的工作，例如在非常恶劣的环境中，长时间地从事体力劳动，做一些又脏又累的活儿等。如果父母咬紧牙关，认真地去做这些事，孩子也会学到父母的这种勤奋。

其次，告诉孩子零花钱需要通过自己的劳动去挣，如果孩子想获得更多的零花钱，他就得通过自己勤劳的双手去干活儿。这样做的目的就是让孩子懂得，只有努力干活儿才可以有收获，懒惰的人是什么也得不到的。这样，等孩子长大后，他就能够勤奋地工作了。

### 2. 让孩子有替父母分忧的孝心与责任感

经受过一番勤奋刻苦磨砺的人，一定是一个已经具备责任心的人。责任，不只是要对自己负责，也要对关心自己的人负责。当一个孩子懂得了父母挣钱不易的时候，他就会想：我一定要争口气，让我的父母过上更好的生活。为了这个目标，他会更加勤奋刻苦地去学习，不辜负父母的一片苦心。

因此，让孩子有替父母分忧的孝心与责任感，往往会成为激励孩子努力奋斗的动力。

### 3. 劳逸结合，不烦不腻

劳逸结合的办事效率远远高于死缠烂打的办事效率，其中原因就是使孩子保持着对事物的兴趣和积极的态度。 在做功课时要充分注意休息时间，让孩子舒展一下筋骨、放松一下精神状态。 不要长久地磨时间去学习，那样既达不到学习的目的，也容易使孩子产生腻烦心理。 所以，在教育过程中，父母要根据孩子的精神状况，让孩子进行适当的休息或调整。

### 4. 对孩子循循善诱

无论是意志还是毅力，孩子总是不如成人，为了让孩子养成勤奋的好习惯，父母不妨采用循循善诱的办法——就是有步骤地引导孩子去学习。 循循善诱要注意几个问题：一是要培养孩子在学习方面的基本功，比如孩子要有一定的知识面；二是要适时地教育，引导孩子勤奋学习；三是要适量，孩子毕竟是孩子，不要以成人的标准去要求一个孩子，学习的内容不能越过孩子所能承受的范围；四是父母态度要平和，引导孩子勤奋学习应该抱有一种平常心，不要急于求成，否则只会适得其反。

### 5. 父母要让孩子多听、多接触勤奋的事例

"天道酬勤"也好，"几分耕耘，几分收获"也好，这些都说明了养成勤奋刻苦好习惯的重要性。

父母要经常给孩子讲一些勤奋的事例，比如，古时"头悬梁，锥刺股"的学习精神与现代的学习环境作比较；在电视上所看到的奥运会、亚运会或全国运动会上的金牌得主，他们训练的刻苦、拼搏的顽强，以及不夺金牌誓不罢休的毅力，无一不是勤奋刻苦的真实写照，等等。 让孩子明白，一个知难而退、怕苦怕累的人，必然是一事无成的。 因为世界上没有一件东西是可以不劳而获的。

"付出才会有收获"的道理，需要父母以身作则榜样示范、孩子亲力亲为亲身体验。

父母还可以通过讲一些名人勤奋好学的故事，让孩子知道，只要能克服艰苦条件而勤奋学习都是可以取得成功的。 让孩子知道，能够克服艰苦条件而勤奋读书，是很不容易的一件事，在崎岖的奋斗中能坚持下来，更需要一种毅力。 但是只要坚持下来，就能拥抱成功。

一个人若想成功其实并不太难，只要他能够勤奋地做人，勤奋地做事，勤奋地学习和积累。 一个人勤奋的品质，就是他人生的资本。 越勤奋的人财富就越多；越懒惰的人，所失去的人生机会也就越多，等待他的也只能是失败的人生。

## 教孩子学会宽容

宽容体现了一个人的素养与气度，表现了一个人的思想水平。教孩子学会善待他人的短处，这样孩子才可以与他人和睦相处；教孩子学会欣赏他人的长处，可以使孩子不妒忌，从而不断地取得进步。

宽容是一种美德，它像催化剂一样，能够化解矛盾，使人和睦相处。 诸如"退一步天高地阔，让三分心平气和""大肚能容，容天容地，容天下难容之事；开口便笑，笑古笑今，笑古今可笑之人"这种不注重表面形式的输赢，而注重思想境界和做人水准高低的行为是高尚的。 正如有位哲人所说，"宽容是需要智慧的"。

现在的孩子大都以自我为中心，不管发生什么事情，很多人首先想到的是自己，而不是别人。如果别人做错了事，根本没有一点儿宽容之心，往往会逮住他人的缺点不放。

北京师范大学教育系与中国青少年研究中心，曾经对中小学生做了一次抽样问卷调查。其中，有一个问题是这样的——"当你讨厌的同学需要你的帮助，而且你能帮助他时，你会帮他吗？"对于这个问题的回答，表示愿意的小学生、初中生和高中生分别是59.8%、41.7%和37%。由此可见，虽然不少孩子对于他人的主动求助表示愿意帮助，但是，从小学阶段到高中阶段，表示愿意帮助他人的人数是递减的。在调查中，还有一个问题是这样的——"对于过去欺负过你或严重伤害过你的人，你会怎么办？"对于这个问题，只有29.9%的学生表示会原谅他，有近24%的学生表示很难原谅或绝不原谅，其余的学生则表示原谅但不忘记。从中我们也可以看出，能够主动宽容别人的孩子实在太少了，而事实上，宽容却是一种重要的美德。

作为妈妈，应该充分认识到宽容对于孩子来说不仅是一种待人准则，而且能够保护其心理健康。现代科学示出，宽容有利于一个人的健康长寿。美国密歇根州立大学的研究人员进行的一项研究发现：当人们想要报复他人时，血压会明显上升；而在宽容他人时，血压则显著下降。因此，作为父母，一定要培养孩子宽容的心态。

那么，怎样让孩子学会宽容呢？

## 1. 不要把世俗的毛病传染给孩子

父母最好不要在孩子面前以自己的眼光议论其他小朋友的缺点，这样容易让孩子对其他小朋友过于挑剔。相反，父母要尽可能地表扬其他小朋友的优点，让孩子明白每个人都是有优点的，不要使自己的孩子产生一种以自己为中心的思想，这非常不利于培养孩子宽容的心态。

父母尤其不要对某些人和事物有偏见，更不要把这些偏见在孩子面前表露出来，从而让孩子在潜意识里也受到这种偏见的影响，而对这些人和事物有偏激的看法。

当孩子的小伙伴来自己家里时，父母对其他小朋友的态度不要过分冷落，也不要过分热情，尤其要教育孩子尊重小伙伴，让孩子平等地与人交往。

### 2. 教孩子换个角度看问题

不管什么时候，父母都可以教孩子学会从别人的角度来看待问题，设身处地地站在别人的角度来思考问题。

在日常生活中，父母要鼓励孩子参与多元化的活动。无论孩子年纪多么小，都要鼓励他接触不同种族、宗教、文化、性别、能力和信仰的人，这有利于孩子与不同的人坦诚相待，遵从规则，平等竞争。

### 3. 教孩子善待他人

"要想公道，打个颠倒"。宽容是一种美德，在生活中，即使别人错了、无礼了，你若能容忍他人、宽容他人，同样能获得信任和支持，同样能得到别人的友善相待。

在教孩子善待他人的时候，父母可以通过角色互换的方法让孩子摆脱以自我为中心的不良想法，学会心中有他人，宽容他人。父母应该教孩子要对其他小朋友多一点忍让，多一份关心，这样别人也会遇事宽容自己，体谅自己，为自己着想。事实上，只要孩子学会了宽容，他就会赢得朋友，就会真正体会到生活的快乐。

### 4. 父母要起表率作用

父母本身具备的品德，一般在孩子身上都可以找到。因此，父母首先要为孩子创造一个良好的家庭环境。一个整天吵闹不休的家庭，是很难造就出一个具有和蔼品质的孩子的。父母对他人的热情、平等、谦虚等处世原则和行为，是孩子最好的，直观而生动的教材，会在潜移默化中培养出孩子尊重别人、爱护别人、与别人和谐相处的良好品行。

### 5. 创造一个和谐的家庭环境

让孩子生活在一个宽容友爱、温馨和谐的家庭环境中，用父母的言行影响孩子，这样，孩子就会逐步形成一种持久的，宽容忍让的善良品质。

孩子的宽容心是一种非常珍贵的感情，主要表现在对别人过错的原谅。这种感情对于孩子个性的健康发展，尤其是感情的健康发展以及对良好关系的建立有着非常重要的意义。宽容的人，时时刻刻都会受到别人的爱戴。因此，他们更加容易处理好各种人际关系，能够很快地适应各种不同的环境，能够融洽地与人合作，充分挖掘自己的潜能。富有宽容心的孩子往往心地善良，性情温和，惹人喜爱，受人拥护。

然而，在现实生活中，总有那么一些人，心胸狭隘，小肚鸡肠，处事总是持"宁可我负人，不可人负我"的态度。对别人的不是，甚至并非不是之处也斤斤计较。往往会使一丁点儿矛盾进一步恶化，最终酿成祸患。轻则使人受伤，重者致人命亡。作为父母，这些道理要对孩子讲清楚。

穿梭于茫茫人海中，面对一个小小的过失，一个淡淡的微笑，一句轻轻的歉语，就会带来包涵谅解，这就是宽容。不要苛求任何人，要以律人之心律己，以恕己之心恕人，这也是宽容。宽容地待人，待事，待自己，善待一切存在。让孩子知道，因为宽容，我们知道了幸福的真正意义，因为只有宽容，世界才会越来越多姿多彩。

# ◇ 培养孩子的好品质 ◇

▲ 对孩子进行适当的夸奖　　　　▲ 通过鼓励来引导孩子

▲ 尊重孩子的意见　　　　▲ 培养孩子的特殊才能

# 高情商家教思维

1. 让孩子成为一个有责任心的人，应该怎样去言传身教？ 你目前的教育态度和方式是否有利于孩子责任心的培养和养成？ 接下来你应如何去培养自己孩子的责任感？

_____

_____

2. 作为父母，当你犯错误的时候，面对孩子，你是否敢于勇敢大方地承认自己的错误并且为自己的行为负责？ 孩子对你的行为反应是什么？

_____

_____

3. 在培养孩子勤奋的好习惯时，你都做了哪些事情？ 采取了哪些办法？ 效果如何？

_____

_____

4. 在培养孩子宽容的好习惯方面，你如何评价自己采取的办法和措施？

_____

_____

5. 你是否当着孩子的面议论过别人的缺点？ 你是否尊重孩子以及孩子的朋友？

_____

_____

# 第五章　用爱浇灌，给孩子一个健康的心理

## 让孩子的笑脸更灿烂

乐观的性格，对一个人的一生很重要。 一个孩子如果拥有乐观的性格，便会生活得快乐。 让灿烂的笑容永远洋溢在孩子的脸上吧！ 这样的孩子才会觉得自己能够驾驭生活，能够克服学习中的困难，能够摆脱一些挫折。

乐观是孩子对未来充满信心和希望，而又不断进取的个性特征。 孩子对那些能够满足自己需要的事物或对象，会产生一种积极的情绪，而对无法满足自己需要的事物则会产生消极的情绪。 乐观的性格是孩子应对人生中的悲伤、不幸、失败、痛苦等负能量时的有力武器。 如果孩子无法乐观地面对人生，就会意志消沉，对前途丧失信心，长此以往，还会损害身体健康。 美国心理学家马丁·塞利格曼认为，乐观不但是优秀的性格特征，还有更神奇的功能，它能使人对生活中的许多困难产生心理免疫力。 乐观的孩子不易患抑郁症，他们也更容易成功，身体也比悲观的孩子更健康。

从心理学角度讲，乐观的情绪，能够提高人的大脑和整个神经系统的活力，使体内各器官的活动协调一致，从而有助于充分发挥整个机能的潜能，有益于健康和工作效率的提高。 相反，悲观的情绪可能使人的整个心理活动失去平衡，对人的身心健康都有可能造成严重的不良影响。

值得庆幸的是，乐观的性格是可以培养的。早期诱发理论认为，人的性格是在后天的环境中逐步形成的，乐观的性格可以通过实践逐步培养，悲观的性格也可以在实践中逐渐改变。

想让孩子成为一个"快乐小精灵"，父母不妨尝试下面的方法。

### 1. 不要对孩子控制过严，不妨让孩子拥有选择权

很多孩子不快乐的主要原因是他们没有自己的自由。有些父母由于对孩子太过溺爱，往往会抑制孩子们的一些行为和举动，甚至会包办孩子的一些事情。这样，孩子就事事不用做。但是，如此一来，孩子就无法在做事中得到乐趣了。并且，孩子们也不见得就喜欢这样。所以，父母要把选择权交给孩子，让他们自己决定自己要什么东西或是做什么事情。比如，年纪小的孩子可以选择要吃什么样的午餐，大一点儿的孩子可以选择穿什么样的衣服上街，再大一点儿的孩子可以选择节假日去什么地方玩，可以选择买什么玩具，或是可以选择看什么电视节目。有充分选择权，孩子才会感到快乐自立。

### 2. 鼓励孩子多交朋友

不善交际的孩子大多性格抑郁，因为享受不到友情的温暖而感到孤独痛苦。性格内向、抑郁的孩子更应多交一些性格开朗、乐观的同龄朋友。这样孩子就能接纳各种性格的人，有助于养成豁达的心胸、乐观的性格。此外，家长自己也应与他人融洽相处，热情、真诚待人，给孩子树立起好榜样。

### 3. 允许孩子自由地表现悲伤

当孩子在遇到困难的时候，往往会自然地流露出悲伤的情绪。

这个时候，父母应该允许孩子自由地表现出他的悲伤。假如孩子在哭泣的时候，父母要求孩子停止哭泣，不能表现出软弱，孩子就会把心中的悲伤积聚起来，久而久之，反而会造成孩子消极的心理。

对于孩子表现出的悲伤或软弱，父母不要呵斥，应该让孩子尽情地发泄心中的郁闷。只要孩子发泄够了，他自然会恢复心情。当然，如果孩子需要父母的帮助，父母应该及时安慰孩子，去感受孩子的情绪，通过情感共鸣缓解孩子的不良情绪。

### 4. 让孩子拥有广泛的爱好

开朗乐观的孩子，其快乐源自各个方面。一个孩子如果仅有一种爱好，就很难保持长久的快乐。试想，只爱看电视的孩子如果当晚没有合适的电视节目看，他就会郁郁寡欢。假如孩子是个书迷，但如果他还能热衷于体育活动，或饲养小动物，或参加演出，那么他的生活将变得更为丰富多彩，他也必然更为快乐。

### 5. 引导孩子摆脱困境

生活中不如意者十之八九，没有谁能够毫无一丝烦恼地走过整个人生，谁都会遇上一些让自己烦恼的事情，即使他是一个乐观的人。但是乐观的孩子和悲观的孩子在遇到同样的事情时，他们的处理方式却是截然不同的。他们的反应虽然和先天遗传有关，但更多的还是父母教育的问题。所以，当孩子遇到困境时，父母要多留心孩子的情绪变化。如果孩子闷闷不乐，父母无论多忙，也要挤出一些时间和孩子交谈，教育孩子学会忍耐、坚强面对，鼓励孩子凡事多往好的方面想，不要尽往消极的方面想。

父母对于孩子情绪的变化要注意观察，只要孩子愿意与父母沟通，父母就要引导孩子把心中的烦恼说出来。 这样，孩子的烦恼很快就会消失了，他也就很快会恢复快乐。 当然，父母也可以帮助孩子克服一些困难，教给孩子以正确的态度来保持乐观的情绪，这些都是促使孩子摆脱消极情绪的好方法。

### 6. 拥有自信十分重要

一个自卑的孩子通常比较内向悲观，这就从反面证实了拥有自信与乐观性格的形成息息相关。 对一个智力或能力都有限因而充满自卑的孩子，家长应该仔细观察他的言谈举止，适时适当并审时度势地多做表扬和鼓励。 来自家长和亲友的肯定，有助于孩子克服自卑、树立自信。

### 7. 父母要做乐观的人

父母在教育自己的孩子时，要以身作则。 每个人不管是在工作上还是在生活中也都会遇到各种各样的不如意，而父母对待这些事情的方式会直接影响到孩子。 如果父母在面对困境、挫折时能够保持自信、乐观的精神，那么孩子也就会受到父母的影响。 当他们在遇到这种情况时，也就会自然而然地乐观面对。

## 让孩子学会坚强地面对困难

父母要从小教育孩子，不管面对多么糟的情况都一定要学会坚强，要具有跌倒了再爬起来的精神，这样孩子在以后的人生道路上，才能够走得更远。

在生活中，那些冲破困难和阻力、经受重大挫折和打击还能坚持到底的人，其值得敬佩的程度是远在生活中的幸运儿之上的。

征服的困难愈大，取得的成就愈不容易，就愈能说明你是真正的英雄。 当接连不断的失败使爱迪生的助手们几乎完全失去发明电灯的热情时，爱迪生却靠着坚韧不拔的意志，顶住了来自各个方面的压力，经过无数次实验，终于为人类带来了光明。 在这里，爱迪生的超人之处，正在于他对挫折和失败表现出了顽强和刚毅精神。

巴尔扎克说，苦难对于天才是一块垫脚石，对于能干的人是一笔财富，而对于弱者是一个万丈深渊。 有的人在噩运和不幸面前会不屈服、不后退、不动摇，顽强地同命运抗争，因而可以在重重困难中冲开一条通向胜利的路，成为征服困难的英雄，成为掌握自己命运的主人。 而有的人在生活的挫折和打击面前，变得垂头丧气、自暴自弃，进而丧失了继续前进的勇气和信心，于是成了庸人和懦夫。 培根说，好的运气令人羡慕，而战胜厄运则更令人惊叹。

一个人在顺境之中当然会做出一些成绩，但是逆境当中却更容易出人才，因为逆境会磨砺出一个人的意志。 在逆境中经过挫折千锤百炼成长起来的人，会比在顺境中生活的人更具有生存力和竞争力。 因为，在顺境中成功的人只熟悉成功的感觉，却不知道怎样面对挫折，而在逆境中奋斗的人既有失败的教训又有成功的经验，他们会显得更趋成熟。 他们能把挫折看成一种财富，深谙只有经历了失败才可能会成功，成功是建立在失败的基础上的，因此要具有笑对挫折、迎难而上的风范。

对于孩子来说，只有经历了失败，才会知道如何面对失败，才会在失败中变得更加坚强。 每个孩子都会遇到这样或是那样的麻烦，在面对困难和挫折的时候，胆小懦弱的孩子往往没有坚强的意志去克服困难和挫折；坚强勇敢的孩子却能够做到持之以恒，凭借自己坚强的意志，战胜困难和挫折，越过障碍和绊脚石，从而取得成功。所以，父母要从小教育孩子，不管面对多么糟的情况都一定要坚强，要具有跌倒了再爬起来的精神，这样他们才能在以后的人生道路上，走得顺顺利利。

### 1. 让孩子学会自己生活

一些父母对孩子百依百顺，什么事情都不让孩子去做，只让他们在舒适、平静、安稳的环境下生活，从而剥夺了孩子自我表现的机会，衣来伸手、饭来张口的生活方式，导致了孩子独立生活能力的萎缩。所以，父母的包办代替是孩子形成软弱性格的重要原因之一。

生活能够自理的孩子在生活中会表现出坚强的一面，在面对挫折和困难时，他们会用自己的能力去处理这些问题，不会无所适从。因此，父母要让孩子学会自己生活，让他们自己去面对生活，要让孩子自己去做一些事情从而让他们受到锻炼。当父母暂时离开时，稍大一些的孩子能够自己待着而不害怕，当发生意外情况时也能够不惊慌、不哭泣。这些事看起来虽小，但是对培养孩子坚强、勇敢的品质是很有益处的。

### 2. 支持孩子大胆地去做事、说话

父母教育孩子要用正确的方法，可以在孩子未成熟期加以保护，但这种保护应当随着孩子的成长发育越来越少。父母要训练孩子单独生活、适应社会的能力，这种训练应随着孩子的成长越来越多。千万不要凡事包办，养成孩子胆小怕事的依赖心理。

有一些内向软弱的孩子不喜欢过多地说话。对于这种孩子，父母应尽量避免对他们说"你必须这样或那样做"之类的话，而是应该多对他们说"你看怎样办""你有什么想法吗"之类的话，给孩

子一个独立思考并发表自己意见的机会。

### 3. 不要把孩子当成弱者

想让你的孩子坚强，千万不要把孩子当成弱者来看待。 只有让孩子自己去站立，他的双腿才会强壮，他的意志才会坚强。

在公共汽车上，有人给一个 5 岁的小女孩让座。 孩子的妈妈却对让座的人说："让她站着吧，她已经到了该自己站立的年龄了！"

### 4. 教孩子凡事再坚持一下

有这样一句话，胜利往往来自于再坚持一下的努力之中。 一个人在遇到困难的时候，如果有足够的意志再"坚持一下"，那么这种坚强的意志足以让他取得成功。

当孩子在不断的锻炼下，做出一些比较勇敢的事情时，父母应该不断鼓励、称赞孩子，让孩子感受到勇敢的乐趣，觉得以前的胆小非常幼稚，从内心勇敢起来。 这样，孩子就会越来越胆大，越来越活泼。

### 5. 鼓励孩子与社会打交道

有些内向的孩子在年龄小的时候，只习惯于同自己熟识的人待在一起，与社会上的人打交道时会产生一种潜意识的惧怕。 因此，父母在孩子小时候就要培养他们处世的能力，鼓励孩子与社会打交道，多接触各种人。

### 6. 帮助孩子增强应付他所害怕的对象或环境的信心

有些孩子在成长过程中时常会发生害怕的情绪。 那么，如何帮助孩子克服害怕情绪呢？

孩子有害怕情绪时，父母不要嘲笑或处罚他们。如果孩子害怕一个人在房间里关灯睡觉，可以在床头装一个灯的开关，让他掌握或明或暗的主动权，帮助孩子消除害怕。

经常给孩子讲一些有趣的知识，有助于消除他们的害怕心理。例如，有孩子害怕蜜蜂，可以耐心地向他解释蜜蜂是如何辛勤劳动、采花粉酿蜜的，只要你不惹它，它就不会蜇你。

## 让孩子把一件事情坚持做下去

成功的过程中会遇到许多艰难、挫折和失败，战胜它们最有效的方法就是坚持。父母要培养孩子的敏锐目光，可以让他看清成功背后的景象；要培养孩子坚强的毅力，坚持到困难向他退缩。

坚持下去，已经成为所有卓越人物的共同点，也是他们生活中的一个基调。父母要让孩子知道，每一个成功的人，在确定了自己的正确道路之后，都在不屈不挠地坚持着、忍耐着，直到胜利。作家萨迪在其作品《蔷薇园》中写道："事业常成于坚忍，毁于急躁。我在沙漠中曾亲眼看见，匆忙的旅人落在从容者的后面；疾驰的骏马落后，缓步的骆驼却不断前进。"

坚持对于成就事业来说是相当重要的。说起来，一个人克服一点儿困难也许并不难，难的是能够持之以恒地做下去，直到最后成功。

其实，很多时候成功与失败的差距往往仅一步之遥，父母要告诉孩子，只要咬紧牙关坚持一下，便会拥抱胜利。但是，许多人正是因为在前面的困难中已经筋疲力尽，在最后的关头，即使遇到一点儿微小的困难或障碍都可能放弃而导致前功尽弃。事实上，对于孩子来说，胆怯懦弱是普遍存在的。美国斯坦福大学心理学家菲利普·津巴多在二十世纪的七八十年代对近万人的调查中发现，大约有 40% 的人认为自己胆怯、腼腆。 胆怯有许多表现形式，如公共场所胆怯、社交胆怯、特定情境胆怯、特殊动物胆怯等。

"习惯是人的第二天性""教育孩子，就是逐渐培养他们良好的习惯"，这两句话告诉我们，好习惯是培养出来的，把教育内容以习惯的方式在孩子心中固定下来，让他们随时随地应用，便会形成一种本能。

坚持不懈是孩子成长中的一个好习惯，父母培养孩子坚持不懈的习惯，有利于许多好习惯的养成，有利于整个教育的顺利进行。

培养孩子做事有始有终、坚持不懈的好习惯，父母可以通过以下两点来教育孩子。

### 1. 让孩子做事有目标

父母可以为孩子设定一个目标，然后促使孩子针对目标来采取行动，并在其身边推动这种行动的进行。 父母可以在孩子完成目标的过程中鼓励他，但是不可以帮助他完成，要让他独立完成；当孩子想半途而废的时候，父母要制止他的行为，一定要让他把这件事做下去，实现既定的目标。

在实现奋斗目标的过程中，设立既定目标将会激励人们去克服困难，坚持不懈地去奋斗。 实现既定目标的愿望越强烈，施行起来就越持久、越彻底。

父母在激发孩子成就大业的兴趣与耐力的时候，需要帮助孩子树立远大志向，树立正确的价值观，帮助孩子确立间接的远景性目标。 但是仅仅靠这些是远远不够的，因为远景性的目标与孩子的当前实际情况有相当一段距离，而真正让孩子更加努力地为实现既定目标而奋斗，父母应该从小激发孩子内发性动机力量，并从小事开始培养孩子持之以恒的决心。

## 2. "磨难"是培养毅力的沃土

随着生活水平的日益提高，"磨难"对于孩子们来说是一个近乎陌生的词语。但是许多事实证明："自古雄才多磨难，梅花香自苦寒来。"

张海迪自幼高位截瘫，无法上学，但为了学习文化，她长期不顾一切地顽强学习，终于成为作家，便是一个很好的例子。能不能坚持下去，其关键在于能否以不屈的意志、顽强的精神来与厄运抗争，创造出奇迹。

在顺境中成长的孩子，磨难可能成为他们的致命伤；而在逆境中长大的孩子，磨难却成了他们人生道路上一笔可观的财富。因此，父母们应该在日常生活中给自己的孩子设置一些障碍，让其独立克服障碍、跨越障碍，父母可以在旁边关注，必要时可以给予适当的帮助，以此锻炼孩子面对困难而坚持不懈的毅力。

在困境中坚持不懈是逆境商数（以下简称"逆商"）的精华所在。这种坚持的力量是一种即使面临失败和挫折但仍然继续努力的能力。我们常常能够观察到，正确对待逆境的销售人员、学生和运动员能从失败中恢复并继续坚持前进，而当遇到逆境时不能正确对待的人（低逆商者）则常常会轻易放弃。

意志力坚强的人懂得培养自己的恒心和毅力，并渐渐将其变成一种习惯，无论遭受多少挫折，仍坚持朝成功的顶端迈进，直至抵达为止。

经得起考验的高逆高者常常因其恒心耐力而获酬甚丰。作为吃苦耐劳、坚韧不拔的补偿，不论他们所追求的目标是什么，都能如愿以偿。他们还将得到比物质报酬更重要的经验，"每一次失败都伴随着一颗同等利益的成功种子"。

英国前首相丘吉尔不仅是一名杰出的政治家，而且还是一个著名的演讲家，十分推崇面对逆境坚持不懈的精神。他生命中的最后一次演讲是在一所大学的结业典礼上，演讲的全过程大概持续了 20 分钟，但是在那 20 分钟内，他只强调了两句话，而且是相同的两句话："坚持到底，永不放弃！坚持到底，永不放弃！"

这场演讲是成功学演讲史上的经典之作。 丘吉尔用他一生的成功经验告诉人们：成功根本没有什么秘诀可言，如果真有的话，就是两个。 第一个就是坚持到底，永不放弃。 第二个就是当你想放弃的时候，回过头来看看第一个秘诀——坚持到底，永不放弃。

告诉孩子：敏锐的观察力、果断的行动和坚持的毅力是成功的必备要素，你可能用敏锐的目光发现了机遇，同时也能用果断的行动抓住机遇，但是最后还是需要用坚持的毅力才能把机遇变成真正的成功。

## 让孩子学会表达爱

每个父母都爱自己的孩子，恨不得把所有的爱全部倾注在孩子身上，但父母在付出爱的同时，却忘记了教会孩子如何表达自己的爱，而不是一味地只知道给予。 爱是相互的，父母爱孩子就要把自己的爱以适当的方式传递给孩子。 让孩子学会表达爱也是爱孩子的一种方式。

一位妈妈曾向教育专家倾诉孩子不知道体谅自己的辛苦。

儿子今年 13 岁了，从他小时候起，每天我都很辛苦地为他做事，从日常生活的饮食起居，到学习辅导、兴趣培养，都由我一手打理。可是孩子却很冷漠，对我所做的一切毫不领情，我有时抱怨他不知体谅我的辛苦，他反而不耐烦地说："是你自己愿意做的，又不是我让你做的。"我既生气又寒心，孩子怎么不知道感恩呢？

在现实生活中，有许多父母有类似的困惑：为什么我为孩子做了那么多，孩子却没有心存感激呢？究竟父母应该怎样做，才能让孩子学会感恩呢？父母仅仅爱孩子是不够的，在父母为孩子付出一切的时候，如果没有把爱以适当的方式传递给孩子，孩子内心便无法真正感受到父母的爱。孩子不感恩，有很多原因，妈妈可以试图让孩子学着爱人，给孩子表达爱的机会，让孩子渐渐明白父母是如何爱自己的。

为此，父母一方面要引导孩子表达爱，另一方面要对孩子的爱给予积极的回应，使孩子感到他们的爱是父母生活中的一种力量。比如，孩子的爸爸过生日，妈妈可以与孩子一起精心为他准备礼物，做一顿丰盛的美食，孩子可以从中学习如何表达爱。爸爸感动于母子两人的爱心，流露出激动与喜悦，会使孩子得到鼓励和信心。英国教育家夏洛特·梅森认为，每个孩子心中都有一个爱的源泉，它唯一的事情就是流淌，而在父母这方则要保持体贴、友好、感恩、孝顺、奉献这些渠道不封闭、不阻塞，而且永远向前流动。让孩子感觉到他们每一次爱的流露所创造的喜悦，从小在家庭中培养感恩之心。当孩子学会对父母心存感激之时，才会把这种情感扩大到他人与社会。

爸爸妈妈想让孩子学会表达自己的爱，就要自己以身示范如何爱人。

# ◇ 培养孩子拥有爱心的方法 ◇

▲ 帮助孩子克服自私自利的性格

▲ 给孩子做关心他人的榜样

▲ 通过移情训练培养孩子的爱心

▲ 让孩子了解一些生活的真实情况

# 高情商家教思维

1. 你的孩子经常笑吗？ 他乐观吗？ 为什么会这样？

_____

_____

2. 在困难面前，你的孩子表现如何？ 你想让他成为怎样的人？
在引导孩子摆脱困境方面你是如何做的？

_____

_____

3. 你的孩子会自己照料自己的生活吗？ 你的孩子敢大胆表达自
己的观点和想法吗？ 判断一下，他的表现在他的年龄段是否正常。

_____

_____

4. 在培养孩子坚持不懈、有始有终的好习惯时，你是怎样教育
孩子的？

_____

_____

5. 你的孩子是否善于或者乐于向家长或他人表达自己的感受
呢？ 是否敢于表达爱？ 试着经常拥抱一下自己的孩子。

_____

_____

# 第六章　循循善诱，让孩子拥有好人缘

## 从小培养孩子善于交际的能力

善于与他人交往的孩子不仅能够从容地与同龄人交往，而且能够从容地与老师等成人交往。 良好的人际交往是适应社会的表现，孩子是否善于同别人打交道，在人群中人缘如何，对他以后的学习和人生的发展有很大的影响。

卡耐基曾经说过，一个人的成功，他的专业知识所起的作用是15%，而他的交际能力起的作用却占85%。 所以，和谐的人际关系以及优秀的交际能力，是未来社会判断成功者的重要标准。 因为，只要一个人生活在社会中，他就不得不和他人打交道。

人际交往是人与人之间相互联系的一种最基本的方式，是父母在教育孩子的过程中不可忽视的一部分内容。 如果你的孩子没有同龄的伙伴，那么这样的孩子就会缺乏集体主义意识。 当他们步入社会以后也会无所适从或是不尊重他人，自傲、任性，或是封闭自己，自私、孤僻，种种不良的性格就会出现在其身上。 许多工作都是需要人们通过协作一起去完成的，所以，父母必须从小就培养孩子善于交际的好习惯。

其实不用父母强迫，孩子也总是希望能够和自己差不多大的孩子在一起玩，也希望会有几个在思想上、学习上或者生活中志同道合的朋友，希望可以从朋友那里获得鼓励、信任和支持。 在与周围的人相处时，朋友的肯定态度总是多于否定的态度，孩子们就会感到与他人有一种休戚相关、安危与共的情感，并愿意牺牲自己的利益去为他人谋利益。

因此，父母要经常与孩子谈论关于朋友的话题，或是倾听孩子和他的朋友之间所发生的一些事情，千万不要阻拦或过多参与孩子们之间的交往，孩子们之间自有一套评价朋友好坏的标准。即使孩子们在交往中吃了亏，他自己也会从中吸取教训。

既然一个人的交际能力那么重要，父母应该从以下几个方面入手培养孩子善于交际的能力。

### 1. 多与孩子沟通

父母和孩子之间的沟通是培养孩子理解、关怀、接纳、自信和尊重心理的重要因素。有些父母不愿意与孩子共同探讨，他们认为那是浪费时间。只是一味地让孩子接纳自己的观点、尊重自己的权利，很少有父母会进行换位思考。他们不会知道他们那样的教育方式，对孩子的内心平衡会产生多么不良的后果。所以，父母平时要多和孩子沟通，多了解孩子的想法，这样，才会有利于父母对孩子的教育。

### 2. 帮助孩子结交朋友

一个人不能离开朋友的陪伴，即使是孩子也需要伙伴，友情能使孩子有一种归属感，孩子和他的小伙伴之间会有共同的乐趣，共同的感情，共同的语言，所以孩子们都喜欢在一起。即使他们之间从不相识，甚至语言不通，彼此之间也会一见如故，亲热地玩起来。所以，父母应该为孩子创造交友氛围，让孩子们之间建立起温馨美好的感情。在这种气氛熏陶下，孩子们就会相处得快乐融洽。

在孩子们相处的过程中，给予他们正确的引导和支持，通过接纳他的朋友、招待他的朋友等种种方法帮助、并鼓励孩子与人交流。

### 3. 多参加集体活动

父母应该鼓励孩子多参加团体活动，让自己融入集体生活中。在集体活动中做一些自己能做的事情，加强与同学的交往，增加同学对自己的好感和信任。 在一个集体中，每个孩子都会有属于自己的智慧和个性，他们会发现自己和别人的不同，也会从中找到适合自己的位置。 在集体中，也会让孩子无形中产生对一种信念的凝集力，形成一种共同帮助而忘小我的团体意识。 这种意识的形成，有利于孩子在以后的人际交往中，改变那种以自我为中心的傲慢、优越感，使他与大家形成一种融洽、和谐的相处关系。

### 4. 培养孩子的专长

有位专家说，"友谊是以共同爱好为基础的。 如果你的孩子朋友不多，你可以帮助他培养某些爱好，从而认识更多的朋友"。 马克思与恩格斯的友谊，就是建立在有共同志向、共同语言等诸多共同爱好基础之上而结出的。 所以，父母要挖掘孩子的各种专长，让孩子结交广泛的朋友，拓宽、延长孩子的交际之路。

### 5. 教给孩子一些交往技巧

随着时代的发展，现在的孩子非常有个性，要想与之保持良好的关系也需要一定的技巧。 父母可以教给孩子一些交往的技巧，帮助孩子得到同学的友谊。 以下这些交往技巧能够帮助孩子在与人交往中获得他人的好感。

（1）使用礼貌用语，如"谢谢""再见""对不起""没关系"等，不要对别人说粗话、做不礼貌的动作。

（2）主动和同学打招呼问好，能帮助打开友谊之门。

（3）在和同学的交往中，宽容同学的缺点和过错，不要为一些小事而斤斤计较。

（4）与人交往要注重的是给予，而不是什么事情都希望得到回报。

（5）不要无故打断他人的讲话，当别人在说话的时候要认真倾听，不可以心不在焉或是只顾做自己的事情。

（6）不要在背后议论别人，也不要打听别人的秘密和隐私，更不可以把别人告诉你的秘密大肆宣扬。

（7）对待别人要真心诚意，讲信用，不欺骗说谎。

（8）不要用捉弄、嘲笑的方式吸引别人注意，这样反而会引起别人的反感。

（9）在和同学的交往中，善于发现别人的优点和长处，多赞美别人，不要因为自己的某些特长而处处炫耀自己。

（10）与他人说话，尽量讲一些两人都感兴趣的话题，不要独自说个不停而不考虑他人的感受。

（11）同学之间交往尽量不要有过多的物质往来。

（12）不对自己的成绩得意忘形，要体谅他人的感情。

（13）学会带领其他同学参与到集体交往中来，组织大家围绕一定的主题进行交流。

## 培养孩子与人合作的能力

与人合作的能力已成为当今世界人才的重要素质之一。目前由于孩子中独生子女的数量大大增加，任性、脾气大、与人合作能力差成为大多数孩子的弱点。 所以，培养孩子与人合作的能力是父母刻不容缓的工作。

合作是现代人的一项基本素质与品格。 如果一个人不能与人真诚合作，他就不可能成功。

合作不是一般意义上的人际交往，而是为了一个共同的目标结成的互助互利的双赢关系。 一般来说，有交往与合作习惯的人，在心理学上被认为是外向的人。 外向的人往往能够自然地与人交流，做事的时候也喜欢询问他人，获得他人的帮助。 但是，外向的性格并不是天生的，这种性格是可以后天培养的。

那么，怎样来培养孩子与人合作的能力呢？

### 1. 让孩子懂得与人合作的重要性

在日常生活中，有许多事情必须要两个或两个以上的人一起合作才能完成，只靠一个人的力量是无法做到的。 父母可以利用这种机会，让孩子体验一下个人无法完成的挫折感，从而懂得与人合作的重要性。

### 2. 让孩子体验合作的乐趣

成功的合作可以让孩子产生良好的体验，这种体验能够带给孩子无穷的乐趣，进而促进孩子的合作意识和合作行为。

### 3. 让孩子与同伴交往

让孩子有足够的时间与同伴在一起，他们可以一起交谈，一起分享玩具，一起做游戏，一起出去玩耍，一起做作业。 父母要明白，孩子们应当有他们自己的生活，如果孩子不喜欢与别的孩子交往，父母就更要有意识地鼓励他（她）与同伴接触、交往。 如果父母和老师因为怕孩子学坏而过多干涉，甚至禁止他们的交往，那就无异于因噎废食，因为这种交往是孩子获得合作的能力与情感体验的最基本条件，有利于养成合群性，消除孩子执拗或孤僻的倾向。

4. 让孩子与同伴共同承担一定的任务

想要提高孩子的交往能力，可以让孩子与同伴分担一些任务，并通过力所能及的活动努力完成。有时，对于一些复杂的任务，可以进行必要的分工，但必须保证他们活动的相互牵制性，以便他们通过必要的主动交往与协调达到总体任务的完成。否则，合作就会变成单干，不利于培养合作精神。另一个需要注意的是，一旦交给了他们任务，就要鼓励他们独立完成，即使遇到困难或者发生争执，只能提供咨询，而不要越俎代庖，代替他们完成任务。

5. 鼓励孩子独立解决与同伴交往中的矛盾和问题

这样做是进一步提高孩子的合作能力所必需的。孩子在交往中遇到矛盾是不可避免的，如果不会妥善解决这些矛盾，就学不会合作。而且善于解决交往中发生的矛盾，是高水平的合作与交往能力的标志。因此，孩子交往时遇到矛盾与问题时，不要回避，也不要代为解决，而是要鼓励孩子独立解决，最多也只能提些建议。培养孩子独立解决矛盾能力的主要途径，是让孩子迎着矛盾去主动解决，而不是闭门思过，也不是回避或拖延。有的孩子只喜欢和一种类型的同伴交往，而不肯和其他同伴交往，这种过于挑剔的交往倾向实际上就是回避交往的困难与矛盾。对于这种孩子，更应有意识地引导、鼓励，设法使其体验到交往中解决矛盾的成功与满足感，从而乐于去和各种人交往。

### 6. 让孩子知道竞争和合作是可以同时存在的

现在的孩子一般都是独生子女，在家里不会有人跟他争什么东西，父母也通常不会对他的言论提出什么不同的意见。但是在家里以外的地方，比如学校，就会出现竞争者和反对者。这样，孩子就会认为反对他以及和他竞争的同学是不会成为合作对象的。所以，父母要及时教育孩子端正他的竞争心理。竞争的目的主要在于实现目标，而不在于反对其他竞争的同学。父母要教孩子把其他同学作为学习上的竞争对手，生活上的合作伙伴，千万不可一味地把他人当成竞争对手和敌人，不顾一切地与他人对立。这种思想是不健康的。同时，父母要教给孩子与人合作的技能，教育孩子考虑集体的利益，学会在关键时刻约束个人的行为，牺牲个人的利益。如果孩子缺乏这种意识或者精神，与人合作是不可能成功的。

能让孩子很好地和别人合作，前提是孩子必须具有和人合作的能力。

那么，怎么样才能让孩子具有和人合作的能力呢？

### 1. 给孩子创造一种良好的家庭气氛

如果一个孩子生活在一个整天争吵不休的家庭里，是很难让他具有和谐的人际关系的。父母一定要把家庭成员之间的关系处理得恰当、合理。对邻居、对来客，都要热情、平等、谦虚、有礼貌。这样，孩子就会以父母为楷模，逐步养成尊重别人、爱护别人的良好品德。

### 2. 树立平等观念

想要让孩子在平等的原则上为人处事，就要让孩子明白，不管对谁或是对什么事情都应树立平等的观念。要让孩子懂得，在人格上，人和人之间永远是平等的。 不管碰到什么事情都要无私地对待，要言而有信。 只有这样做，人与人之间才能互相信赖、和睦相处。 特别是要教育孩子严于律己，宽厚待人，尊重他人。

### 3. 要让孩子多参加集体活动

有一些孩子常常会以自我为中心，这些孩子很难融入集体生活中，也很难和同龄的小伙伴和睦相处。 但是，当他们碰了几次钉子之后，就会慢慢地改变这种"以自我为中心"的行为。 可能是因为在经历了几次挫败后，意识到了在集体活动中一定要想到别人。 所以，父母要让孩子多参加一些集体活动，这样会让孩子在活动中获得与他人相处的经验，在以后和别人的合作中，孩子才不至于犯"以自我为中心"的错误。

### 4. 保证孩子受锻炼的机会

孩子从小在家庭中学到的知识、培养的精神，都会渗透到他们的性格中去，并且会在长大后带入社会。 一个具有合作精神的孩子会很快适应工作岗位的集体合作，并发挥积极作用；而不懂合作的孩子在生活中会遇到许多麻烦，或者更多的困难，从而导致他们无所适从。

## 教孩子学会与人分享

许多父母都会过度溺爱孩子，把孩子放在家庭的主导地位，在这种情况下，父母看到的只能是心中没有他人的孩子。 他们不会关心父母，不会关心他人，更不会关心社会，这样的孩子是值得父母焦虑的。 教孩子学会分享，是这一问题的解决之道。

分享是一种美德，更是一种快乐。 萧伯纳曾经说过，"你有一个苹果，我有一个苹果，彼此交换，每个人仍然只有一个苹果。 你有一种思想，我有一种思想，我们彼此交换，那我们将同时拥有两种思想"。 分享能够让人减少痛苦，获得快乐。 一个人在生活中需要与人分享自己的痛苦和快乐，没有分享，他的人生就是一种惩罚。

现在的孩子以自我为中心的现象，已经成为困扰广大老师和家长的一个严重问题，而孩子的这种以自我为中心的心理根源在于父母的私爱和溺爱。 为了不让孩子的爱心枯竭、泯灭，父母不仅要爱孩子，更重要的是要让孩子学会爱。 如果父母只是一味地给予孩子爱，对孩子是没有好处的。 "溺爱是父母与孩子关系中最可悲的事，用这种爱培养出来的孩子是不会把心灵献一点儿给别人的。" 这是一位教育家的经验之谈。 所以，父母在爱孩子的时候，应该教孩子学会与人分享。

与别人分享好吃好玩的东西，对别人说一些关心体贴的话，同情并帮助有困难的人，不计较别人的过错，对别人能够宽容和谦让，孩子的爱心就是通过这样一次次的行为模仿和强化而逐渐形成的。

那么，怎样才能让孩子养成与别人分享的好习惯呢？

1. 让孩子尝到分享带来的乐趣

一般来说，以自我为中心的孩子会有以下三个特点。

（1）自私、故步自封。

只看到自己而看不到别的孩子是不会有什么进步可言的。

（2）缺乏自信。

虽然有的孩子表现出娇纵的人格特征，但是就其本质而言，仍然是一种缺乏自信心的表现。

（3）社会性差，不合群。

自我中心作为一种人格特征，它所产生的消极作用和负面影响的第一要素就是自私。这就直接导致了那些以自我为中心的孩子在和外界的交往中会排斥"异己"、拒绝开放、忽视理性力量、回避真诚、吝啬付出、难以与他人合作、缺乏公心（为他人、为集体考虑）。所以，这就需要父母们用一些巧妙的计策把其自私的外壳击碎，让孩子能够拥有一份懂得分享的智慧。父母可以从家庭中的活动做起，父母要与孩子一同参与、共同分享，让孩子尝到分享带来的乐趣。

### 2. 通过移情引导孩子与他人分享

当孩子还只有几个月大的时候，父母就要让孩子学着与别人分享。孩子渐渐长大后，在餐桌上，要让他学着给长辈夹菜；鼓励孩子给爸爸妈妈拿东西；教孩子给客人让座，让孩子做这些力所能及的事，都会让他们从中品尝到做了有益于他人的事而给他们带来的喜悦。

### 3. 父母要学会分享孩子的东西

实际上，在这里所说的"分享"有两层意思：既要教孩子学会分享，父母也要学会分享——而这一点却往往会被父母们所忽视。

很多父母宁可自己受苦也不愿让孩子吃苦，把那些好吃的、好玩的、好用的全都放在孩子的面前。虽然他们也会担心孩子会成为一个不知道关心别人的冷血儿，但在行为上却不会与孩子分享。在一个家庭中，经常会发生这样的一幕：一个孩子诚心诚意请父母一起吃东西，父母却坚决推辞说"你吃，妈妈不吃"，或者"爸爸不喜欢吃油炸的东西，也不喜欢吃甜的东西"。就这样，孩子与人分享的好意被父母给扼杀了。慢慢，孩子也就养成了吃独食的习惯，那些谦让与分享的习惯也让他们丢到九霄云外去了。

## 4. 用交换的方法让孩子学会分享

许多孩子在公共场合玩耍的时候，总是希望自己能够独自占有所有的东西。事实上，孩子的这种行为和想法都是不好的。但是，如果父母一味地批评孩子，反而会产生负面作用。遇到这种情况，父母应该鼓励孩子与其他的孩子交换自己的一些玩具或是图书。让孩子学会把东西借给别人，再向别人借东西，通过交换东西逐渐让孩子学会和人分享。

## 5. 允许孩子有自己的宝贝

其实每个人都会有不愿意与别人分享的宝贝，孩子也一样。有些东西可能是孩子特别喜欢的，也可能是孩子认为某些重要的人送给他的礼物，这些对孩子来说有着特殊的意义。总之，父母在提倡孩子与人分享的同时也要允许孩子有不愿和人分享的宝贝，而且要让孩子懂得珍惜自己的宝贝。当其他的孩子来家里玩的时候，父母可以允许孩子把他认为重要的宝贝"藏"起来，不与其他人分享。但是，对于大多数的东西，父母应该要求孩子与人分享。

只有孩子藏好了自己的宝贝，他才会大方地把其他东西借给别人，才会更好地和别人分享。如果父母强迫孩子把所有的东西都与人分享，这不但不合理，反而会激发孩子的逆反心理，让孩子做出相反的行为。

教孩子学会分享，可以提高其社会认知能力，从而增强社会适应性；学会分享，可以让孩子懂得在"资源共享"中获得"可持续性发展"；学会分享，可以让孩子重获脚踏实地的自信、勇于自主的独立性。所以，让你的孩子从自私的堡垒中冲出来吧，分享的天空下可以让他们自由飞翔。

# 让孩子学会尊重别人

在人际关系中，要得到别人尊重最好的办法就是尊重别人。 让孩子学会怎么去尊重别人，也就教会了孩子怎么得到别人的尊重。这样，孩子以后踏入社会就会自然而然地对别人表示出尊重，这对他的人际关系的建立也会有很大的帮助。

俗话说：不怕没有钱，就怕没尊严。 尊严可以改变一个人的命运。 所以，父母要培养孩子从小就要有骨气、有尊严。 不仅如此，还要让孩子学会尊重别人的尊严。 只有学会尊重别人，才是真正的尊重自己。

要让孩子知道，也许只是一个微笑，一声问候，一句夸赞，一个祝福，都可以为人们彼此的沟通与交往架设一座心灵的桥梁。 编织一条情感的纽带，在相互尊重中传递出温暖与关爱，接受祝福与帮助。

现在的人们在考虑怎样处理和别人相关的一些问题时，通常95% 都会考虑自己。 如果我们多用一些时间来忘掉自己，好好地想一想对方的优点，不讲任何无价值的奉承话，真诚地评价对方，由衷地称赞对方，表现出你对对方的尊重，那么，你所说的话，对方将会牢记，并会不断地在他生命的长河中反复记起，一直到永远，你也会成为他所尊重的人。

可是，怎么样才能培养孩子尊重他人的习惯呢？ 父母可以考虑下面的五点做法。

## 1. 真诚地欣赏别人

美国哈佛大学的心理学家威廉·詹姆斯指出，人类本性最深的需要是渴望得到别人的欣赏。 想要让孩子学会尊重别人，就要让他学会诚实地、真心地欣赏不同的人，只有这样，他才会找出别人身上的特点，从而让他尊重和敬佩。 所以，应该让孩子学会找出每个人身上独特的地方，并欣赏其特点，进而形成一种习惯。

现在的孩子都喜欢把人分类，诸如老师、学生、家长、孩子、同学、朋友等，并认为只有少数人和他们是同一类的。 这样一来就限制了他自己。 假如他认为自己喜欢某种人的话，他就会和他所喜欢的那类人走得很近。 但是，当他和其他类型的人相处的时候，就会觉得非常紧张。 而且和他们不欣赏的人相处的时候，就不会找出别人身上的特点，也就不会对别人表现出他的尊重。 所以，父母要教会孩子和不同的人相处，不要把自己锁在一个小圈子里，要学会欣赏不同人的特点，学会尊重所有的人。

## 2. 真诚地关心他人

你若不尊重别人，别人也很难尊重你。 而尊重一个人最基本的做法就是去关心他。 心理学家亚德洛说，"对别人不感兴趣的人，生活中困难最大，损害也最大"。 所以人类中的失败，都在这些人当中发生。 美国前总统罗斯福非常受欢迎和尊重，一个重要的原因就是关心别人。 想要与别人友好相处，就应学会关心他人、尊重他人。 当然，热心助人是要花时间和精力的。 比如，孩子要交朋友，他们就有必要记住朋友的生日，并按时致贺，与朋友打招呼挂电话时，都要表现出热忱。

## 3. 培养感受别人经历的能力

要学会体会别人的感受，这将使孩子的生活更丰富。 如果孩子经历过某种感受，就可以体会到别人在某种特殊情况下的感觉。 譬如，当他还记得心爱的东西被弄坏时的那种感觉，现在他的一个朋友的书包上被人划了一条口子，他就可以体会朋友的那种感觉。他们或许还可以交流一下自己心里的感受。父母要告诉孩子，要尽量记住别人的话，并且尝试体会他们的经历和感受。

### 4. 记住别人的名字

美国前总统约翰逊，把与人相处的九条原则写在纸上，放在自己的办公桌上。其中第一条就是记住别人的名字，如果做不到，就意味着你对那个人不太关心。许多人往往对有关于自己的事物较有兴趣，尤其是对自己的名字最感兴趣。如果能记住一个人的名字，并能轻易叫出，这样会是对一个人最大的尊重。

### 5. 避免讥讽别人

讥讽别人不仅不讨人喜欢，而且还是危险的。因为它伤害了一个人的自尊心，更会激起他人的反抗。所以，父母应该让孩子知道，即使你不喜欢一个人，你可以减少和他的交往或是接触，但是，绝对不能对他有不尊重的话语和行为。

要得到他人的尊重，最好的办法就是尊重他人，任何人在心底都有获得尊重的渴望，受到尊重的人会变得宽容、友好、容易沟通。所以，让孩子学会怎么去尊重别人，也就教会了孩子怎么得到别人的尊重。这样，孩子以后踏入社会就会自然而然地对别人表示出尊重。

## 让孩子学会说"不"

要让孩子成为有用之才，独立性和自信心的培养是关键。而教孩子学会拒绝，则是对孩子独立性和自主精神培养的重要方面。所以父母要培养孩子当遇到不正确的要求时，能分辨是非，敢于说"不"，不应该胆小、懦弱。

喜剧大师卓别林曾说："学会说'不'吧！那你的生活将会美好很多。"在拒绝别人时要讲究技巧，表达自己的意愿时语气要委婉，同时一定要记住，拒绝是对事不对人的。另外，在拒绝别人之前，可以先听一下别人所提出的要求，不要对方还没有说要让你帮什么忙或是做什么事，你就已经在找借口拒绝了，这会让对方误以为你在敷衍他；拒绝时要面带笑容、语气缓和、讲明理由；在拒绝之后，可根据对方的情况再提出建议。

英国心理学家朱莉娅、贝里曼等人提出的"破唱片法则"，对不会说"不"的孩子来说，具有很好的借鉴意义：如果你需要拒绝某人的不合理要求，或者想对他说"不"，又或者想尽快结束某个你认为没有任何意义的讨论，你可以"像播放破损的唱片时总在一个地方一遍遍地重复那样，你要做的事就是以坚定的态度一遍又一遍地重复你的意见"。


亚杰带着复杂的心情来到了咨询室，他说在自己的心中藏着一个解不开的结，这个结常常让他觉得心情非常压抑，但是却又找不到原因，也不知道要怎么样去打开那个结。

"我不知道怎么拒绝别人，不知道怎样对别人提出的要求说'不'。当别的同学提出一些要求的时候，我从来没有拒绝过，即使那个时候我很忙，很不愿意去满足他的要求，可我却从来不敢拒绝别人。就因为这样，我常常会打乱自己所制订的学习计划。"亚杰说这些话的时候显得非常无可奈何。他还说，虽然自己的内心非常苦闷，但是在表面上他还是没有表现出一丝的不高兴。他常常责怪自己，为什么这个"不"字会那么难以说出口。

亚杰的这种情况属于 NSN 综合征。 NSN 是 NEVER SAY NO 的缩写。 NSN 综合征是指人们由于不会拒绝而产生的紧张、焦虑、恐惧、自信心下降等一系列情绪障碍。

患有 NSN 综合征的孩子，都是太过看重自己在别人眼中的形象，他们会认为自我的价值是取决于别人的看法和观点。 如果拒绝了别人，可能会招致别人反感，从而影响到人际交往。 所以，即使别人向他提出一些不合理，或是超出他能力范围的要求，他也不会拒绝别人，因为他害怕引起别人的不满；如果偶尔拒绝了别人，也总会感觉到很抱歉和后悔万分；有时候，即使是别人伤害到了自己，也不会表达出自己的愤怒和不满。 对于这些孩子来说，拒绝别人的要求会使自己的心里很难受，但是，如果不拒绝他们则会更难受。 由于他们的委曲求全，别人可能会提出更多或是更进一步的要求，这些要求有时会非常不合情理，有时甚至是挑剔、敌视的。 这样会导致更严重的后果，也就是说，有的孩子会将自己的这种焦虑情绪压抑到极限，一直到他们不能或是不想再压抑的时候，最终会以攻击性的方式表现出来，这样只会对人际交往造成不可弥补的损失。 那些患有 NSN 综合征的孩子曲解了人际关系的平等原则，他们是把别人的"满意"建立在了自己的"痛苦"之上的。

NSN 综合征的形成有很多原因，其中不正确的家庭教育方式、对人际关系的错误认知等都有可能成为诱因，而自卑则是一个很重要的因素。 患有 NSN 综合征的人，往往会感觉自己没有足够的吸引力，总是害怕惹别人生气，进而压抑对自己情感的表达，总是把自己和别人放在不平等的位置。

想要让孩子学会拒绝，以下建议可供父母参考。

### 1. 营造民主的家庭氛围

这个条件是教孩子学会拒绝的前提。家长要明白不管孩子有多大，他都是家庭中的一个成员，是一个独立的人，绝对不能对孩子持独断专行的态度，而是要用商量的口吻向孩子表明自己的态度和想法，也要允许孩子把自己的意见、想法充分地表达出来，允许孩子对父母的想法和做法持否定意见。如果孩子提得对，或在某些方面有一定道理，父母应该尽量接受。这样既可以开启孩子的智慧，又可以培养其独立能力，更能锻炼其意志。

### 2. 让孩子独立

在日常生活中，只要是孩子自己可以做到的事情，就要鼓励孩子自己单独去做，父母没有必要包办代替。只有这样，孩子才能从日积月累的亲身体验中积累经验、增长才干，才会有能力对父母或他人的行为做出接受与拒绝的判断。

### 3. 把握自己的情绪

父母要帮助孩子正确地把握自己的情绪，明辨是非。父母要教孩子学会对人、对事做出的理智判断，而不是感情用事、耍脾气，或无端拒绝父母合理的要求。

### 4. 体验别人的感觉

孩子是单纯、善良的，当他了解到自己的一句话、一个举动可能会给小朋友带来不愉快，心里就会感到不是滋味。父母所要做的，就是要给孩子解释清楚，他的言行在对方内心产生了什么样的感受。 当体会到了他人的感受时，孩子也能设身处地地想一想，怎样让对方高高兴兴地接受自己的决定，轻而易举地达到目的。

### 5. 商量是一种交往技巧

拒绝别人有时候要和对方反复地"磨嘴皮子"，直到对方认可为止。 比如，芊芊不想把遥控飞机给嘉伟玩，于是就抱着飞机跑，而这种行为的结果就是两败俱伤。 与其这样，还不如找一个理由，对嘉伟晓之以理，让他心平气和地接受。 孩子的注意力一般会转移得很快，只要这个"岔"打过去，哪里还记得明天和以后？ 以商量的口吻和小朋友对话，既可以让其巧妙地守住自己心爱的东西，又可以避免一场暴风雨。

### 6. 泰然接受他人说"不"

在孩子很小的时候，父母就应该在他们的头脑中强化一个概念，那就是别人的东西不属于我，只有在人家同意的情况下，才能享用一会儿。 如果能和小朋友换着玩，一件玩具就能换来很多种，孩子们都能玩到自己没有的东西。

其实社会就是一个巨大的关系网络，在很多情况下，孩子在其中都必须与他人共同分享许多权利，不能一个人独占。 父母所要做的，就是教会孩子如何平和、友好、委婉地拒绝小朋友的要求；同时泰然自若地接受他人的拒绝。 这将会使他们受益终身。

# ◇ 孩子间错误的交往方式 ◇

▲ 无故打断他人的讲话

▲ 在背后议论别人

▲ 不重视给予，而是什么都想要得到回报

▲ 随意捉弄、嘲笑他人

# 高情商家教思维

1. 你家的孩子"宅"吗？ 父母如何培养孩子善于交际的能力？针对自己的孩子，列举出你准备教给孩子的一些交友常识和技巧。

_____

_____

2. 你的孩子善于与人合作吗？ 制订一个提升孩子与他人合作能力的计划。

_____

_____

3. 你的孩子都与人分享过什么？

_____

_____

4. 制订一个教孩子尊重他人的计划和练习。

_____

_____

5. 面对一些不愿意的事情，你的孩子敢说不吗？ 教会孩子如何拒绝。

_____

_____

# 第七章　耐心培养，孩子的智慧是教出来的

## 培养孩子抽象思维的能力

一个人智力水平的高低，可以通过他的抽象思维能力反映出来。父母应该对抽象思维有正确的认识，并且在教育培养孩子的过程中自觉地采取措施，这样才能让孩子变得更聪明。

抽象思维又称逻辑思维，是思维的一种高级形式，是以抽象的概念、判断和推理作为思维的基本形式，以分析、综合、比较、抽象、概括和具体化作为思维的基本过程，从而揭露事物的本质特征和规律性联系。

抽象思维有两个最基本的特征：抽象性和确定性。这两个特征还能派生出其他一些特征，如形式性、精密性、简单性、理论性和分析性等。不过后者都是由抽象性和确定性所决定和制约的。所以，这里主要介绍抽象思维的抽象性特征和确定性特征。

### 1. 抽象性

人们透过事物的现象，认识事物的本质和变化规律，把握事物间的联系，达到真理性的认识，始终离不开理性的抽象。也就是说，人们从现象到本质的认识在思维中是通过抽象来完成的。

以数学的发展为例：古埃及人和古巴比伦人尽管掌握了关于空

间和数量关系的大量知识，但这些知识主要是凭经验进行考察的结果。 在所有古埃及人的著作中，法则仅能应用于为数有限的具体情况。 在他们的几何学中，没有用一个三角形来代表一切三角形这种在建立演绎体系时所必需的一般化的抽象概念。 抽象的数的概念还有待引进。 古希腊人则不同。 数学之所以会在古希腊发展起来，就是因为古希腊人依靠古埃及人和古巴比伦人的数学素材，进行了"智力革命"，从事物的多样性中辨别出共同性，并把其抽象出来，加以一般化，从而导出与更广泛的经验相符合的新关系。 就是由于这个缘故，古希腊人被称为是科学方法的倡导者。 亚里士多德把抽象称为自然研究的路线或途径。

抽象性的实质，我们可以从三个方面去理解。

首先，抽象就是抽取事物的共同点。 抽象最主要的是对同类事物去除现象的次要方面，抽取它们的共同点，从而使思维从个别中把握一般，从现象中把握本质。

其次，抽象就是选取事物的深入点。 一个事物往往有几个特点。 抽象的实质是从这些特点中选取一个被认为在某个方面特别重要的特点，而忽视其他所有特点。 这样，抽象能够限定探究范围，突出某一重点，限制其他思路，并把某一种思路引向深入，从而使我们能够深入地研究认识对象。

再次，抽象就是理想地复现认识对象。 抽象的目的在于把事物加以理想化而再现于思维之中。 因为不可能单纯通过从可观察现象概括共同点来把握理想事物，所以必须脱离直观地运用思维的抽象力量创造出理想客体。 同抽取共同点相比，理想化是更深刻的抽象。

抽象既是抽象思维的重要手段，也是抽象思维的重要特征。 正是由于这个意义，我们把这种思维叫作抽象思维。

## 2. 确定性

确定性是抽象思维的又一基本特征。从信息论的观点看，所谓知识，就是不确定性的减少。所以，认识真理的意义，就在于不断减少和消除对自然界和社会在认识上的不确定性。一般说来，认识中的不确定性来源于认识主体的感性活动和思辨的猜测。经验认识是人的感官对于自然现象的直觉认识，这种认识通常只是知识的准备和原料。作为"前知识"，这种认识的最主要特征是不确定性。抽象思维要获得本质，就必须以确定性去减少和消除这种根源于事物现象偶然性的不确定性。只有确定性的思维所获取的认识才称为知识。因此，可以说理论知识和日常知识之间最重要的区别就在于理论知识的命题必须具有严格的确定性，而日常知识不需要严格的规范。

爱因斯坦曾说过，科学的概念最初总是日常生活中所用的普通概念，但它们经过发展就完全不同了。它们已经变换过了，并失去了普通语言中所带有的含糊性质，从而获得了严格的定义，这样它们就能应用于科学的抽象思维中。例如，信息和系统原是日常生活中的普通概念，信息论和系统论对它们作了严格的定义，使之成为这两门学科中的科学概念，而信息论和系统论也正是由于引入了这两个具有确定性的概念，才奠定了这两门学科的基础。

抽象性和确定性是抽象思维的两个基本特征，二者是统一的。爱因斯坦有一句话，可以说是言简意赅地表达了抽象思维的抽象性和确定性的这种统一。他说，"科学家必须在庞杂的经验事实中间抓住某些可用精密公式来表示的普遍特征，由此探求自然界的普遍原理"。仔细玩味这句话，我们便可以体察抽象思维中抽象性和确定性的统一关系。

孩子思维的成熟过程，其实就是人类由蒙昧走向文明的缩影。

牙牙学语的婴儿，最初不会有什么抽象思维能力，他们也许连苹果与梨的差异都搞不清。然而，生活能使孩子们学会抽象，比如小宝宝淘气，用手触摸火炉，结果烫起几个泡。有过教训后，他就不会再触摸任何火炉了，包括那些不曾烫过他的火炉。他显然自发地形成了这样一种朦胧意识：那些东西也是火炉，也会烫人的。这种朦胧意识十分可贵，因为他已经自发地从同类事物的个体中抽象出了该类事物的共性。

不过，如果仅靠自然形成，没有足够的刺激，孩子的智力发育就会相对缓慢很多。3岁之前的孩子，对他进行训练，会显得过早；而对学前的孩子，父母则完全可以运用各种手段，在潜移默化中对孩子进行这方面的启蒙了。

### 1. 教孩子归类

父母可以把日常生活中的一些东西根据某些相同点将其归为一类，如根据颜色、形状、用途等。父母应注意引导孩子寻找归类的根据，也就是事物的相同点，从而使孩子注意事物的细节，增强其观察能力。

### 2. 教孩子认识大群体与小群体

父母应教给孩子一些有关群体的名称，如家具、运动、食品等，使孩子明白，每一个群体都有一定的组成部分。还应让孩子了解，大群体包含了许多小群体，小群体组合成了大群体，如动物——鸟——麻雀。

### 3. 让孩子了解顺序

了解顺序的概念有助于孩子今后的阅读，这是训练孩子逻辑思维的重要途径。这些顺序可以是从最大到最小、从最硬到最软、从甜到淡等，也可以反过来排列。

### 4. 让孩子建立时间概念

幼儿的时间观念很模糊，掌握一些表示时间的词语，理解其含义，对孩子来说，无疑是必要的。当孩子真正清楚了"在……之前""立即"或"马上"等词语的含义后，也许会更规矩些。

### 5. 理解基本的数字

有些孩子两三岁就能从 1 数到 10，甚至更多。但与其说是在数数，不如说在背数。应该把数字具体化，如"1 个苹果""3 个人"等。父母在孩子数数时，应多点儿耐心。让孩子一边口里有声，一边用手摸摸物品，逐渐过渡到用眼睛"默数"。日常生活中，能够用数字准确表达的概念，父母们要尽量讲得准确。同时，还应注意使用"首先""其次""第三"等序数词。

### 6. 掌握一些空间概念

大人们往往以为孩子天生就知道"上下左右，里外前后"等空间概念，实际并非如此。父母要利用日常生活中的各种机会引导孩子，比如"请把勺子放在碗里"。对于孩子来说，掌握"左右"概念要难些。

### 7. 在游戏中发展孩子的思维

游戏是培养孩子抽象思维能力的有效途径之一。通过游戏，孩子的活动变得更复杂，其思维发展水平更高。例如，通过搭积木、玩魔方、走迷宫、下棋、拼拼图等玩具类游戏，可以训练孩子对空间、规则等方面的认知，从而提高其抽象思维能力。

# 让孩子在想象中成长

虽然孩子的梦想可能永远都不能实现，但是，每一个孩子都在憧憬着未来，并会为这或远或近的"未来"投入他们全部的努力。父母一定要支持孩子的梦想，让他们在想象中成长。

很多人都听说过想象这个概念，但是它究竟有什么含义？在人的智力活动中有什么重要作用？能不能提高想象力？人们对这些问题不一定有太多了解。

想象是在外界现实刺激的影响下，在头脑中对记忆的表象进行加工改造，从而形成和创造新形象的心理过程。比如说，我们读古诗《敕勒歌》，"敕勒川，阴山下。天似穹庐，笼盖四野。天苍苍，野茫茫，风吹草低见牛羊"。在我们脑子里就会出现一幅非常壮美的图画，而且每个人脑子里的图画都各不相同。这就是每个人想象的结果。每个人在想象的时候，都借助原来脑子里的表象进行加工和创造。

在人的智力活动中，想象占有十分重要的地位。俄国教育家乌申斯基说，"强烈的活跃的想象是伟大智慧不可缺少的属性"。著名物理学家爱因斯坦创立"相对论"，就是采取所谓"思想实验法"，在充分发挥想象力的基础上，经过严格的逻辑思维和严密的数学推导而成的。

因此，有一位物理学家赞叹爱因斯坦的成就时说，"作为一个发明家，他的力量和名声，在很大程度上应归功于想象力给他的鼓励"。

孩子在学习各门课程中都要借助想象力。没有想象力，很难理解教材中的图形、图画；对教材中用描述方法表现的具体事物也很难知道它的具体样子；写作文干巴巴，不会有形象生动的描写。 想象力，还直接关系着一个孩子创造力的发展。 现实生活中的许多发明创造，都是从想象开始的。

孩子的心灵成长需要想象，其实很多孩子天生就有属于他们的梦想。 孩子的童年就是一个梦想生根的地方，孩子的梦想就像鸟儿飞翔的翅膀。 如果束缚住了孩子的翅膀，孩子永远都不会知道自己到底可以飞多远、飞多高。 如果一个孩子拥有了梦想，他就会做出许多让父母惊奇的事情，孩子这些多姿多彩的梦就是他最宝贵的财富。

孩子本来是充满童真、充满童趣和富于幻想的，他们想做的事情应该有很多。 但是，现在的孩子离他们的梦想却是那么遥远。

在一次调查研究中，有一个这样的问题："长大之后你想要做什么？"有 92.71% 的孩子回答："上一个好大学，找一份好工作。"这样一个成人式的回答怎么会出现在孩子的口中？ 大部分的孩子好像是忘记了他们的年龄，所有本该属于他们的激情与幻想在他们身上毫无踪影，好像他们是一个马上要考虑工作和生存的"小大人"。 看到这种情况，人们不禁会问，是谁让孩子变成了这个样子？ 是谁磨去了孩子的幻想？ 不可否认，这和父母的教育有关，父母过早地让孩子感到了生存的压力，孩子也就自然开始压制自己内心的激情与渴望，甚至对生活冷淡。

在生活中常常可以听到父母这么训斥孩子"不要瞎胡想""你不要异想天开了"，就是这样的训斥把孩子的想象力扼杀了。

著名诗人纪伯伦说："我宁可做人类中有梦想和有完成梦想的愿望的、最渺小的人，而不愿做一个最伟大的无梦想、无愿望的人。"而人类发展的历程也表明，没有"异想天开"，便没有人类社会的进步。 许多古人"异想天开"的事，经过科学家们不断探索与研究，在今天都变成了现实。所以，当你的孩子有奇特的想法时，请不要责备他们"胡思乱想"，而应当给他们以适当的鼓励和引导。

1. 父母应尊重孩子的想法

例如，你打算教孩子学习阿拉伯数字，当你在本子上端端正正地写下一个"0"时，孩子便会马上展开丰富的想象，说这是张大的嘴巴、煮熟的鸡蛋、妈妈的耳环，或者是其他一些你根本想不到的东西。这时候，你千万别为孩子没有按照你的思维去学习而火冒三丈，责备他："胡说！这是阿拉伯数字零！"殊不知，这样做很容易挫伤孩子想象的积极性，把孩子的思维过早地束缚在成人所划定的框框里，从而失去了儿童应有的天真与童趣。

2. 不要认为现在不可能发生的事情永远都不会发生

例如，当孩子对你说："妈妈，我长大了要到太阳上去探险。"你千万不要对他说："傻瓜，太阳那么热，上去还不把你烤成灰？"而是应当鼓励、引导孩子："你的想法很好，但那需要有丰富的知识，所以从现在起你就要好好学习，将来发明一种不怕太阳高温的宇宙飞船和宇航服，这样才能去太阳上探险。"父母一定要用心地倾听孩子每一个"可笑"的幻想，而不要嘲笑他们，因为每一个奇妙的想象在若干年后都有可能变成现实。如果父母仅凭自己的经验来强迫孩子接受自己的观点，判断"可能或不可能"，那么孩子独特的个性和创造性就会被无情地扼杀于摇篮之中。

3. 父母要鼓励孩子想象

一对年轻夫妇为了培养孩子的记忆力和复述力，每次给孩子讲完一个故事后，便要求孩子复述一遍。有一次，听完《狼和小羊》的故事后，孩子认为可爱的小羊不应该被凶恶的狼吃掉，便加了一个情节：小羊拼命奔跑，并且大声呼救，正好被猎狗听到了，于是猎狗跑过来勇敢地与狼搏斗，终于战胜了可恶的大灰狼。孩子的父母听完非常生气，"我是这样讲的吗？下次好好听着，别讲错了！"孩子感到很委屈，连听故事的兴趣都没有了。

对于这对年轻夫妇的做法，我们不得不感到很惋惜，因为他们扼杀的不仅是孩子听故事的积极性，还有孩子的想象力、同情心和孩子成为小作家的可能性。

孩子的"异想天开"体现了孩子独特而丰富的想象力，父母正确的引导和鼓励，将成为每一位"异想天开"的孩子攀登科学高峰的阶梯。所以，当孩子"异想天开"时，不要对他们泼冷水，让孩子自由地想象，让他那双想象的翅膀自由地飞翔吧。

## 培养孩子专注的能力

注意力分散是孩子普遍存在的问题。一般来说，孩子的注意力是不太稳定的，往往对什么事都感兴趣，注意力容易随兴趣转移；同时，孩子的注意范围较小，注意力常会受情绪影响，注意分配能力也较差。所以，父母要对孩子的注意力加以引导。

激发孩子学习潜能的一个必要条件就是专注。一旦孩子养成了专注的习惯和个性，那么他的智力活动便进入了一个质的提高期，而这种让他专注的事物也必将成为他日后极其重要的部分。所以，当一个人在做某件事情的时候一定要专注。那些今天想当歌唱家，明天想当影视红星，后天又想当艺术家的孩子，注定会一生无所适从，一事无成。

　　培养孩子做事专注的习惯，将会在他的人生中产生重大影响。要知道，只有让孩子先形成一种专心的习惯，才有可能在日后对自己的事业全身心投入，不会被其他事情所干扰。所以，父母就要在孩子小的时候把孩子的专注能力激发出来。当孩子在做某件事的时候，父母可以要求他在规定的时间内完成，并帮助他排除外界的干扰；让孩子对他所感兴趣的问题不断寻根问底，深入思考；让孩子在兴趣广泛的基础上，选择最着迷的对象深入下去，父母还要有意识地强化孩子这方面的兴趣。

　　1. 让孩子在一个安静的环境中学习

　　想要让孩子能够在学习的时候集中精力，父母就应该让孩子在一个安静的、没有任何干扰的环境中学习。因为，孩子周围的环境往往会导致孩子注意力的不集中，所以，在孩子的学习环境中物品一定要摆放得整齐有序，也不要有太多不必要的东西，更不要布置一些照片或是图画等和学习没有关系的装饰品，书桌上面也不要放和学习没有关系的东西，这样就不会让孩子的注意力集中到别的地方而忘了学习。当孩子在做作业的时候，父母尽量不要讲话，保持安静，更不要打开电视机，从而能够达到让孩子专心学习的效果。

　　很多父母会犯一个错误，那就是，当他们让孩子认真学习的同时，自己在孩子学习的周围，制造出一些让孩子不能专心学习的声音。比如，有的父母会在孩子学习的时候在客厅看电视，有的父母会用很大的声音彼此聊一些事情，甚至有的父母会在孩子学习的时候总是问孩子一些问题。一定要记住，当孩子开始学习的时候，父母一定要为孩子营造出一个安静的学习环境。

2. 让孩子按时完成作业

一般父母都会遇到这样的情况，如果要求孩子在一定时间内完成作业的话，孩子就会按时完成甚至是超时完成，而且正确率非常高。 这个时候，孩子在学习时的注意力是绝对集中的，可是如果孩子没有被这样要求，那么，他用的时间就会很长，并且正确率明显低得多。 虽然孩子用了很长时间来做作业，但是注意力却没有集中。 所以，父母应该根据孩子的作业量定出时间，要求孩子在规定的时间内集中注意力，认真完成作业，如果孩子可以按时完成或者是超时完成的话，父母可以让孩子做一些适度放松。

如果孩子的作业实在太多的话，父母可以把孩子的作业划分一下，让孩子一部分一部分地来完成，这样不但对集中孩子的注意力有所帮助，而且还能够让孩子的学习有松有紧，可以提高孩子的学习效率。 如果父母要让孩子一次性把大量的作业做完，不许孩子在中途休息，并且还在孩子的身边不停地唠叨，就会让孩子开始产生抵触的心理，从而对学习失去兴趣，注意力当然也就不会集中了。

3. 给孩子玩的时间

父母总是希望孩子把大量的时间都花在学习上，成天趴在书桌上认真学习，最好从来不会有想要玩的念头。 可是，孩子的天性就是玩，如果父母把孩子的天性都剥夺了，他怎么可能会专注于其他事情呢？ 如果父母硬要孩子只是学习，一点儿玩的时间都不留给孩子的话，那么孩子就会在学习的时候有意地拖延时间，有时候明明可以一小时就做完的功课，他可能会花上两到三小时，那么，多出来的那些时间他就会用到走神、发呆或者是玩铅笔上。因为他知道，父母只有在看到他学习的时候才会高兴，为了取悦父母，他只能这样做。

可能有的父母对于专注的含义不是太了解，专注的意思是指在一定的时间里高度集中注意力，而不是说必须长时间地集中注意力。更何况，长时间地集中注意力对于孩子来说，不但不是什么好事，反而会让孩子不能更好地专注于一件事情。

### 4. 培养孩子的有意注意

有意地注意一件事情或是一个东西对于孩子来说很重要。有一些孩子的学习成绩差并不是因为他的智力差，而是因为他的注意力太过涣散，精神也集中不起来，才导致了学习成绩不好。大家都知道，对于学生来说，最重要的就是听老师讲课。如果孩子不能在刚刚接触听讲时养成良好的听讲习惯，他的学习生活将会遇到一些困难。所以，父母要在孩子上学之前让孩子多做一些需要集中注意力才能进行的活动，这样对培养孩子的注意力是很有好处的。

很多孩子会对老师所讲的内容没有什么兴趣，所以他们的注意力才会涣散，才不能专心听讲，但是孩子又必须要注意听老师所讲的内容，因为只有这样，他们才会学到知识。针对孩子的这种情况，首先，父母要让孩子知道听老师讲课的重要性，然后再找出老师讲的有兴趣的地方，提高自己在听课时的注意力。如果孩子对于老师讲的实在提不起什么兴趣，父母还可以让孩子自己告诉自己，一定要认真听课，如果把这堂课听懂，下次考试的时候就会容易多了，就会轻而易举地取得好成绩了。另外，还可以让孩子告诫自己，如果自己今天能够把这堂枯燥乏味的课听下来，就说明自己有很好的控制能力，这样不仅可以锻炼自己的控制力还可以让自己多学一些知识，何乐而不为呢。

### 5. 不要对孩子重复交代

总有一些父母在对孩子交代事情的时候重复好多遍，生怕孩子记不住，孩子听多了也总会感到厌烦，所以当父母说话的时候，他们就会显得漫不经心。导致他们在和别人交谈的时候，也就没有办法准确地抓住别人所讲的主题，因为，他已经习惯了别人不断地重复。所以，当父母在对孩子说某件事情的时候，只要说一遍就可以了。这样，可以让孩子在听父母讲话的时候集中注意力，抓住事情的主要内容，从而能够提高孩子集中注意力的能力。

### 6. 通过玩游戏训练孩子的注意力

游戏是让孩子最感兴趣的一件事情，也是能够让孩子的注意力在一定时间内保持高度集中的一件事情。父母不要认为孩子做游戏是在浪费时间，其实游戏是可以用来培养孩子注意力的最好方法之一。因为，如果孩子想要在游戏中取得胜利的话，他就必须在游戏时把自己的注意力集中在游戏上，克制自己不分散注意力。所以，让孩子多做一些游戏，这也是一项提高孩子注意力的法宝。

## 让孩子拥有善于观察的能力

观察是有目的、有计划、比较持久的知觉。这是人对客观事物感性认识的一种主动表现，是有意知觉的高级形式。观察是孩子增长知识的主要手段，它在孩子的实践活动中，具有重大作用。

观是看，察是想。让孩子观察问题，不仅仅应该让孩子知道事物是这样的，而且必须知道为什么是这样的。 孩子要认识一个事物，总是从观察开始的，有了观察，便开始有了注意、记忆、想象和思维等，如果把孩子的观察比作蜜蜂采花粉，那么思维等心理活动就好比将花粉酿成蜜，没有花粉就酿不出蜂蜜。 没有良好的观察，孩子的思维就会因为缺少材料而得不到良好的发展。 所以观察是认识的基础、思维的触角。

观察是孩子认识世界、增长知识的主要途径。 在孩子的一切实践活动中具有重大的作用。 孩子通过观察，获得了一些知识，对一些事物有了鲜明的印象。 观察和随便看看、随便听听是不一样的。而孩子观察能力的强弱决定着孩子智力发展的水平，因为观察力是一个人智力活动的基础，想要发展孩子的智力，首先必须把观察的"大门"敞开，让外界的信息源源不断进入孩子的大脑。 如果把孩子观察的"大门"堵住，老是让信息吃闭门羹，那么，孩子的智力不仅不会提高，反而会每况愈下。

心理学专家认为，如果让孩子生活在缺少日常刺激，感觉起作用很少的环境下，就会使他们的知识内容显得苍白无力，而且注意力涣散，容易受到暗示，并且缺乏学习能力。 另一个实验表明"仅仅遮断触觉刺激，也会使被试者智力迟钝，手指尖的灵巧性下降，感情容易冲动，并出现离奇古怪的思维"。 既然缺少一般性的感知，就会使孩子的智力活动受到如此明显的不良影响，那么，缺乏有目的、有计划的观察，对孩子智力活动的消极影响是不言而喻的。

大量的事实证明，观察力是一个学者不可缺少的特性。 认识来源于经验。 我国著名科学家李四光以他敏锐洞悉各种现象的观察力著称于世。 他走到哪里，就观察到哪里，处处留心，时时注意，从不放过任何一个微小的观察机会和意外情况。 无论是出国讲学，参加国际会议，还是旅行、散步，他都要找机会进行地质观察。

　　一个有作为的人是否能够提出，并解决新问题的前提也是观察力。 人类如果要进步，就要不断地发现新问题，解决新问题。 一个具有敏锐观察力的人，即使在众人司空见惯的事物中也能发现新问题。 我国古代的工匠鲁班上山时被草叶划破了手指，他从草叶边缘呈锯齿状的特征中受到启发，发明了锯。 德国著名科学家魏格纳卧病在床，仔细观看起一幅世界地图来。 普通的一张世界地图，人们不知看了多少遍，而魏格纳却通过观察发现，各大洲的边缘，像锯齿一样参差不齐，却恰好可以互相拼接在一起，由此提出了"大陆漂移学说"，后来得到证明，一举成名。 生物进化论的创始人达尔文，有一次发现许多昆虫落到一种特殊植物的叶子上面，植物受刺激后，分泌出一种消化液，把昆虫吃掉，变成这种植物体的营养。 后来达尔文经过 16 年的观察研究，写出了《食虫植物》一书，为生物学研究做出了贡献。 我国著名的药物学家李时珍的巨著《本草纲目》，著名地理学家徐霞客的《徐霞客游记》都是他们不辞劳苦，有计划、有目的地进行实地观察的成果。

　　这些大量的事实证明，没有敏锐的观察力，就不会有什么新的发现，也就不会有人类的进步。

　　观察力还是孩子进行学习活动的必要条件。 学习活动是一种复杂的智力活动，智力活动的基础就是观察。 没有一点儿观察力就无法写作文，孩子就无法解数学题，无法听课。 观察力在孩子的一切活动中都是必不可少的。 将来要当科学家、艺术家、企业家或领导人，都应具备高度敏锐的观察能力。

　　苏联教育家赞科夫经过几十年研究，发现学习成绩差的孩子有一个共同特点，就是观察力差。 学习的基础是以直接经验为主，间接经验为辅的。 而观察是孩子们获得直接经验的重要途径，观察力的强弱，直接影响着学生的学业成绩。

例如在语文学习中，两个字的字形、写法只有细微差异，观察力较强的同学就能看出来，观察力较差的同学就常常把它们认错或写错。在写作上，如果观察力较强，就可以抓住现实生活中的大量材料，感到有东西可写，对人物、事件的描写就会细致、深入、具体、生动；反之，在这方面能力较差的学生，就感到没有什么可写，写不具体，或就事论事，空洞无物。

在数理化的学习中，如果有较强的观察力，在老师用实验演示或图形说明某一个概念时，就能抓住本质，看到数量关系的变化，理解概念的实际意义。在简便计算和速算过程中，也需要有较强的观察力，才能发现运算的各个数的特征，选择合适的简便方法。例如，要求同学们找出下列数字的关系，在（ ）中填上适当的数 1，2，3，5，8，（ ）。观察力好的同学，很快能从数字的顺序上观察出数量关系的变化，填入恰当的数字，而观察力差一些的同学就可能会感到无从下手。

在理化实验中，观察力更为重要，特别是通过对实验现象的观察，推断物质的结构和性质。例如，初三学生做钠和水反应的实验，观察力强的同学，能全面而细致地观察到钠与水激烈反应的现象：钠与水激烈反应而熔化成小圆球，浮在水面上，做无规则运动，发出嘶嘶声，并且钠球不断变小，最后全部消失。而观察力差一些的同学，只能看到钠浮在水面上着火了，而描述不出更多的现象，这种观察力的差别必定会造成对钠的结构性质进一步思维和记忆能力的差别。

通过以上的说明，父母要让孩子在做好功课的同时尽量多参加科技活动，进行实践中的认真观察。

我们下面谈谈观察力的特点。观察力的特点又称作观察力的品质。 了解观察力的特点对提高孩子的智商有着重要的意义。

## 1. 观察的目的性

如果一个人在进行感知时，没有明确的目的，那么就只能算是一般的感知，不能称作观察。 只有当那种感知活动具有明确的目的时，才能算是观察。 因此可以说，目的性是区分一般感知和观察力的重要特点之一。

作为观察的目的性，至少应当包括明确观察对象、观察要求、观察的步骤和方法。 而这些内容，可以在观察前的观察计划中以书面的形式写下来。 一般来说，不论是长期的观察，系统的观察，还是短期的、零星的观察，都必须制订观察计划。

观察的目的性，还要求我们在进行观察时，必须勤做记录。 这种记录是我们保存第一手资料最有用的手段。 记录要力求系统全面，详尽具体，正确清楚，并持之以恒。 实践证明，要做好观察记录，特别是长期的、系统的观察记录（如观察日记），必须坚持到底，持之以恒。 切忌半途而废，功亏一篑。 中国科学院副院长、气象学专家竺可桢在北京几十年如一日，对气候变化进行长期观察，从不间断。 他每天都坚持测量气温、风向、温度等气象数据，直到逝世的前一天。 而他的观察和记载也为编写《物候学》积累了丰富的资料。

## 2. 观察的条理性

观察是一种复杂而细致的艺术，不是随随便便地进行就能奏效的。 观察必须全面系统，有条不紊地进行。 长期的观察需要如此，短期的观察也需要如此。

一般来说，观察有这样几种方式。

按事物出现的时间，可以由先到后进行观察。

按事物所处的空间，可以由远及近或由近及远地进行观察。

按事物本身的结构，可以由外到内，也可以由内到外，或者由上到下，由左到右，可以由局部到整体，也可以由整体到局部进行观察。

按事物外部特征，可由大到小或者由小到大进行观察。

观察力的条理性，可以保证输入的信息具有系统性、条理性，而这样的信息，也就便于智力活动对其进行加工编码，从而提高活动的速度与正确性。如果一个人做事杂乱无章，那么通过他所获得的信息也就必然是杂乱无章的。这样，他要想在一堆乱麻中理出一个头绪来，必然要花费较多的时间和精力，甚至还可能影响到结果的正确性。


3. 观察的理解性

观察力包含两个必不可少的因素：一是感知因素（通常是视觉），二是思维因素。

思维因素是观察力的主要作用，它可以提高观察的理解性。理解可以使我们及时地把握观察到客体的意义，从而提高我们对客体观察的迅速性、完整性、真实性和深刻性。

在观察过程中，运用基本的思维方法，对事物进行有效的比较分类、分析、综合，找出它们之间的不同点和相同点，这样有易于把握事物的特点。考察事物的各种特性、部分、方面以及由这些特性、部分、方面所联成的整体，就会使我们易于把握事物的整体和部分。


4. 观察力的敏锐性

观察力的敏锐性是指迅速而善于发现容易被忽略的信息。科学家和发明家的可贵之处就在于此。牛顿根据苹果坠地发现了万有引力规律，瓦特根据水蒸气冲动壶盖发明了蒸汽机。在学习活动中，同学之间的观察力也是千差万别，同是一个问题，有的同学一眼就看出问题的要害和内在联系，有的同学则相反。敏锐性的高低是观察力高低的一个重要指标。

观察力的敏锐性与一个人的兴趣往往是密切相关的。不同的人在观察同一现象时，会根据自己的兴趣而注意到不同的事物。兴趣可以提高人们观察力的敏锐性，例如，同在乡野逗留，植物学家会敏锐地注意到各种不同的庄稼和野生植物；而动物学家则会注意到各种不同的家畜和野生动物。

达尔文曾经谈到自己和一位同事在探测一个山谷时，如何对某些意外的现象视而不见，"我们俩谁也没有看见周围奇妙的冰河现象的痕迹；我们没有注意到有明显痕迹的岩石，耸峙的巨砾……"显然，达尔文对各类生物的观察力是非常敏锐的，但对于地质现象却没有什么兴趣。

观察力的敏锐性是与一个人的知识经验密切相关的。一个知识渊博、经验丰富的人，他在错综复杂的大千世界中，自然容易观察到许多有意义的东西。相反，一个知识面狭窄、经验贫乏的人。他面对许多被观察的对象，总有应接不暇的感觉，而结果只能是什么都发现不了。

当然，知识对观察的敏锐性有时也有消极作用。有些人常常凭借知识对一些事物进行主观臆断。歌德曾说过，"我们见到的只是我们知道的"。


5. 观察力的准确性

首先，正确地获得与观察对象有关的信息。在观察过程中，不仅要注意搜寻那些预期的事物，而且还要注意那些意外的情况。

其次，是对事物进行精确的观察，既能注意到事物比较明显的特征，又能觉察出事物比隐蔽的特征；既能观察事物的全过程，又能掌握事物各个发展阶段的特点；既能综合地把握事物的整体，又能分别考察事物的各个部分；既能发现事物之间的相似之处，又能辨别它们之间的细微差别。

再次，搜寻每一细节。一个具有精确观察力特性的人，在观察事物的过程中，就会避免那种简单的、传统的、老一套的方式，选择不寻常的、不符合正规的、复杂多变的创新方式，这往往是富有创造力的表现。例如，让被试者在 30 分钟之内用 22 种不同颜色、约 3 厘米见方的硬纸片，拼成 24 厘米长、33 厘米宽的镶嵌图案时，创造能力高的人通常会尝试把 22 种颜色全部用上；而较平凡的人则趋于简单化，利用颜色的种类较少。不但如此，创造能力较高的人所拼的图案，近乎奇特、无规律、不美观，他们不愿意依样画葫芦，仿拼任何普通图形，而愿意大胆地独出心裁，标新立异，不怕冒险，向通俗的形、色挑战。

各种观察力的特性在学习活动中有各自不同的作用。观察的目的性是学习目的性的一个有机组成部分，可以保证我们的学习能够按照一定的方向和目标进行。观察的条理性，是循序渐进地学习的不可缺少的心理条件，有助于我们获得系统化的知识。观察力的理解性可以帮助我们在学习中对由观察而获得的知识的理解，不至于生吞活剥，囫囵吞枣。为了获得某些看来平淡无奇，实际上意义较大的知识就必须具有敏锐的观察力。精确性可以帮助我们对所得到的知识深刻准确地领会，不至于似是而非，以假乱真，错误百出，纰漏丛生。在学习中，我们必须把观察力的各种品质结合起来，按照预定的目标去获得系统的、理解的、深刻的、真实可靠的感性知识。

# ◇ 父母要鼓励孩子展开想象 ◇

父母亲手扼杀孩子的想象力是件很可怕的事情，他们认为让孩子脚踏实地学习和生活才是正确的，殊不知这会让孩子过早地被束缚在大人的思想框架里，失去儿童的天真与童趣。

# 高情商家教思维

1. 什么是孩子的抽象思维能力？ 在这方面，你的孩子有哪些欠缺？ 你该如何做才能帮到他？

_____

_____

2. 当孩子有奇特的想法时你是如何对待的？ 你尊重孩子的想法吗？ 你支持孩子读一些科幻方面的小说吗？

_____

_____

3. 孩子做作业时专注吗？ 你是如何培养孩子专心做完作业的好习惯的呢？ 你认为有什么需要改变和提升的地方？ 写下来。

_____

_____

4. 制订一个详细计划训练孩子的观察能力。

_____

_____

# 第八章　巧妙引导，靠吼叫，孩子养不成好习惯

## 好习惯将使孩子受益一生

马克思说："父母的职业是教育孩子。"从道义上讲，科学教育子女是父母义不容辞的责任。父母应树立科学的教育理念，力争用科学的方法使孩子养成良好的习惯，使孩子的智力得到最大程度的发挥。

关于习惯，我国古代大思想家墨子在其著作《墨子·所染》中说，"染于苍则苍，染于黄则黄，所入者变，其色亦变；五入必，而已则为五色矣。故染不可不慎也"。的确，孩子生下来就像一束白丝，父母把它染成黑的就是黑的，染成黄的就是黄的，所以说染丝不可不谨慎，对孩子的教育也是这样，千万不能掉以轻心。

大教育家叶圣陶先生曾经说过："教育就是培养习惯。"培根也说过："习惯是人生的主宰。"之所以这么说，是因为习惯一旦形成，就会成为一种半自动化的潜意识行为，对人生、事业、生活起着永久性的作用。良好的习惯就像人存放在自身当中的"道德资本"，会使人终身受益。

在一次诺贝尔奖得主的聚会上，记者问一位科学家："请问，您认为您在哪所大学学到了最重要的东西？"

这位科学家说："在幼儿园。"

"在幼儿园学到了什么？"

"学到了把自己的东西分一半给小伙伴；不是自己的东西不要拿；做错事要表示歉意……"

这位大科学家所谓的最重要的东西，其实就是良好的习惯。

习惯是会伴随孩子一生的东西，影响其生活方式和成长的道路。习惯是不断重复或练习而形成的固定化行为方式，其最大特点是自动化。一个人一旦养成良好的习惯，其学习、生活和工作效率便会大大提高，具体表现在以下几个方面。

（1）养成了习惯，则无须花费时间考虑，无须高度集中注意力就能顺利完成一系列活动，既节省精力又能提高功效。

（2）养成了习惯，人的动作会更加协调、准确，就可以得心应手地从事复杂、高难度的动作。

（3）人的动作习惯一旦形成，就会长久地保存下来。换句话说就是，习惯能使人的行为能力得到贮存。当需要时，潜意识马上就会唤醒那些中断了的行为习惯，肢体感官随即也能按定势做出相应的反应。所以，恢复过去的某些行为，要比当初学这些行为快得多。

习惯是在人的生活、学习过程中逐渐形成的，是可以培养的。父母要想使自己的孩子更出色，就得从培养孩子有好习惯入手。

那么，父母应如何科学地培养孩子良好的习惯呢？专家认为主要应从以下几个方面入手。

## 1. 明确要求，严格执行

对孩子行为习惯的要求，父母应交代得详细明确，让孩子清楚明白，绝不能含含糊糊，使孩子看不见摸不着，不知从何入手做。

"没有规矩，不成方圆。"在孩子了解清楚明确的基础上，就应严格实施。 父母绝不能只提要求，在行动上却不加以督促。 不严格要求孩子，遇到困难就放任孩子打退堂鼓，非但不能使孩子养成良好的习惯，反而会加重孩子的惰性，使孩子变得散漫任性。 因为在好习惯形成的过程中，常常会有相反力量在作祟。 例如，拾金不昧等，只要有一回因私心杂念夺去了孩子对好品德的追求，重新做起来就会变得困难了。

对孩子的要求一旦提出，就应严格施行，不轻易退让，更不能轻易改变。 这样，才有助于孩子良好习惯的养成。

2. 孩子有了好的表现要及时鼓励

心理学家威廉·杰姆斯曾说过，"人性最深层的需求就是渴望别人的赞赏"。 著名作家马克·吐温也曾深有体会地说"靠一个美好的赞扬我能多活上两个月"。 谁都希望得到别人对自己优点和长处的赞赏，天真烂漫的孩子尤其如此。 因此，父母要抓住适当的时机，对孩子多加赞赏。

父母鼓励孩子的方法有很多，对孩子来说，父母一句赞赏的语言，一个信任的神态可能都是不小的鼓励。 父母鼓励孩子的机会也很多，孩子自己动手叠被、整理衣物时，父母可以对孩子说"宝贝，自己的事情自己做，真是好样的！"孩子为他人、为社会做了好事时，父母可以对孩子说"关心他人、助人为乐是一种了不起的行为，爸妈为你感到自豪！"孩子在学习或生活上遇到了困难、打击却不灰心，父母可以对孩子说"困难是暂时的，爸妈相信，只要你不向困难低头，就一定会成功！"，等等。

3. 树立正确的教育理念

每一位年轻父母生下孩子的时候，都会感到无限的欣慰，全家人感到莫大的幸福，因为孩子会给家庭带来幸福、欢乐，使家庭生活大放光彩。沉浸在欢乐之中的父母，没有不想把孩子教育好的，然而由于教育方法不得当或者其他方面的原因，随着孩子年龄的增大，这份光彩很快就会消失，取而代之的则是无限的烦恼、痛苦和悲伤，甚至是社会的灾难。

有关数据显示，未成年犯人和普通未成年人之间的差异是父母对孩子思想品德的关心程度不同。未成年犯人的父母往往是更多关注孩子的健康、学习功课、吃饭穿衣，思想品德在他们的教育理念中的地位是微乎其微的；普通未成年人的父母则把思想品德放在第一位，然后才是健康、学习功课等。"重智轻德"的错误教育观必然会导致许多不良习惯的形成。

从道义上讲，科学教育子女是父母义不容辞的责任。马克思说"父母的职业是教育子女"。父母要放下架子，学会尊重孩子；在新知识面前，要和孩子共同学习；从古代、现代的家教典故中学习，从身边的好家教中学习。

作为父母，要自觉学习教育孩子的方式方法，不断提高自身的教育能力，特别是培养孩子良好习惯和矫正不良习惯的能力。


4. 防微杜渐，及时矫正孩子的不良习惯

对于孩子的行为，父母不能听之任之，而是一定要把孩子的坏习惯消灭于萌芽状态，防患于未然。否则"小洞不补，大洞吃苦"，等到孩子的坏习惯发展到违法犯罪的行为时，就为时已晚了。父母应让孩子明白"勿以恶小而为之，勿以善小而不为"的道理。对孩子身上已经出现的不良行为习惯，父母要帮助孩子及时矫正。

## 5. 做好打持久战的准备

良好习惯的养成不是一朝一夕的事，必须经过长期的训练。虽然有美国专家研究发现，养成一个习惯需要 21 天，但这 21 天是个平均数，养成的习惯不一样，每一个人的认真程度不一样，刻苦程度不一样，所用的时间也肯定不一样。

我们无法确定让孩子养成一个习惯究竟需要多长时间，但可以肯定的是，所用的时间越长，孩子的习惯就会越牢固。所以，对于孩子每一个习惯的培养，父母都应做好心理准备，长时间坚持。这对父母来说是十分艰巨的任务，但为了孩子的终生幸福，广大父母需要不怕反复，持之以恒。

美国心理学家威廉·詹姆斯说："播下一个行动，收获一种习惯；播下一种习惯，收获一种性格；播下一种性格，收获一种命运。"用科学的方法培养孩子良好的习惯，才能使孩子的智力得到更有效的发挥。

可以说，一个好的习惯将使孩子受益一生。

# 怎样对孩子进行诚信教育

孩子是否诚实守信，在很大程度上取决于父母的教育。对于孩子经常出现的不诚信行为，父母应该多从孩子的认识发展上找原因，千万不要把孩子的这种行为看成是道德败坏进而打骂孩子。

本杰明·鲁迪亚德曾经说过："没有谁必须要成为富人或成为伟人，也没有谁必须要成为一个聪明的人，但是，每一个人必须要做一个诚实的人。"

诚信是人性一切优点的基础，这种品质比其他任何品质更能赢得尊重和尊敬，更能取信于人。诚信是立身之本，是一个人最宝贵的财产，诚信能让孩子保持正直、挺直脊梁、光明磊落地做人，还能给孩子以力量和耐力。

每个父母都希望自己的孩子具有诚信的品质，不喜欢孩子撒谎。孩子是否诚实守信，在很大程度上也取决于父母的教育。对于孩子经常出现言行不一、不履行诺言的行为，父母应该多从孩子的认识发展上来找原因，不要把孩子的这种行为看成是道德败坏而打骂孩子。如果父母从小就注意对孩子进行诚信教育，孩子是可以养成诚信的习惯的。

那么，应该怎样来培养孩子诚信的习惯呢？

### 1. 对孩子进行诚信品质的教育

诚信是人的立身之本，父母应该加强对孩子进行诚信品质的教育，从小就教育孩子守信用、负责任。告诉孩子，一个言而无信的人，是没有人愿意与他合作的。

父母在进行诚信品质教育时需要借助实例，以故事的形式讲给孩子听，让孩子明白，诚信对一个人来说是非常重要的，不诚信会带来什么恶果，诚信会有什么收获。

在美国华盛顿州塔科马市，10 岁的汉森正在与小朋友在家门口的空地上玩棒球。一不小心，汉森将球掷到了邻居的汽车上，车窗玻璃被打碎了。

见闯了祸，其他小朋友都吓得逃回了家。汉森呆呆地站立了一会儿，决定亲自登门承认错误。刚搬来的邻居原谅了汉森，但还是将这件事告诉了汉森的父母。当晚，汉森向父亲表示，他愿意用替人送报纸得到的报酬来赔偿邻居的损失。

第二天，汉森在父亲的陪同下，又一次去敲邻居家的门，表示自己愿意赔偿。邻居听了汉森的话，笑着说："好吧，你如此诚信，又愿意承担责任，我不但不要你赔偿，还乐意将这辆汽车送给你作为奖赏，反正这辆汽车我也不打算要了。"

由于汉森年纪还小，不能开车，所以这辆汽车暂时由他父亲保管着。不过，汉森已经请人修理好了车窗，经常给车子吸尘打蜡，就像是宝贝一样。他经常倚在那辆1978年出厂的福特"野马"名车旁边说："我恨不得快快长大，好驾驶这辆汽车。我至今仍然不敢相信它是我的。"汉森还说："经过这个事件，我更懂得诚信是可贵的。我以后都会诚信做人。"

由此可见，诚信自有它的报偿。孩子付出了诚信，他自然会收获信赖。相反，如果孩子付出的是虚伪，那么总有一天他也会受到别人的欺骗。

当然，诚信品质的教育必须从小时候培养，坚持不懈。父母应该教导孩子从小就做一个诚信的人，要始终如一地要求孩子，教导孩子出现缺点和错误时要勇敢承认，接受批评，绝不隐瞒。针对社会上那种坑蒙拐骗的行为，父母要态度鲜明地进行批判，要让孩子坚信，这种弄虚作假的行为是必将受到惩罚的。只有这样，孩子长大以后才能成为一个光明磊落的人。

2. 满足孩子合理的需要

孩子不诚信的行为大部分是出于某种需要，如果孩子合理的精神需要、物质需要没有得到满足，他必然会寻求满足需要的办法，如果父母对这种合理需要过分抑制，孩子就会换种方式，以某种不诚信的行为来满足自己的需要。因此，父母应该认真分析孩子的需要，尽量满足其合理的部分。

要分析孩子的需要，父母应该认真倾听孩子的心里话，而不要以成人的想法推测孩子的心理。当孩子向父母讲述他的需要以后，父母应该跟孩子一起分析哪些是合理的，哪些是不合理的；哪些是现在可以满足的，哪些是将来才能满足的。然后及时满足孩子合理的需要，对当时不能满足的需要可以留到以后慢慢满足；对于不合理的需要，则要跟孩子讲明道理。如果父母不善于判断孩子的需要是否合理，可以请教老师或其他的父母，也可以阅读相关的书籍，避免盲目行动，给孩子"可乘之机"。

如果孩子出现了言行不一致的行为，父母一定要及时指出来，严肃地向孩子讲明道理，并督促孩子认真履行自己的承诺。同时，父母还可以讲一讲信义在人际交往中的作用，让孩子懂得履行自己的诺言是多么重要。千万不要觉得孩子还小，或者觉得事情无关紧要就放纵他们的缺点，这样，孩子会不断强化不良的行为，从而形成不良的品格，进而影响他的人生。

### 3. 相信孩子

我们经常会看到这样的父母：他们要求孩子吃完饭在房间里学习半小时，结果却每隔五分钟进去看一下孩子是否在偷懒；他们要求孩子去买件东西，却总担心孩子把多余的钱买零食吃。

父母们的这些行为，往往会导致孩子用撒谎来对抗，而父母们却认为自己的怀疑是有根据的，这就更加滋长了孩子的不诚信。

### 4. 父母要敢于承认错误

在现实生活中，许多父母都有可能不自觉地对孩子讲一些不诚实的话，或者讲过的话没有兑现。 这时候，父母一定要放下架子，以平等的身份向孩子承认错误，以求赢得孩子的信任。

妈妈曾经给森森讲过一个撒谎后鼻子会变长的故事，森森对此深信不疑。

有一天，森森在学校里又听到了这个故事，于是回家跟妈妈说："妈妈，以后我不会撒谎的，撒谎的人鼻子会变长的。你们也不要撒谎啊，要不也会长出长鼻子的。"这时，妈妈觉得有必要给森森讲讲关于故事情节真实性的问题。

妈妈对森森说："孩子，其实这只是一个童话故事。在现实生活中，一个人说谎是不会长出长鼻子的，只会受到良心的谴责。"

森森有点迷惑了："那我们是不是就可以说谎了？"

"当然不是，"妈妈回答，"一个人应该说实话，他说了谎话就会失去朋友，这比长长鼻子还要可怕。"

年幼的森森这才明白，童话故事是虚构的，虚构并不是不诚实的表现，而是以另一种方式劝人们要讲真话。

## 让孩子成为真正的动手操作者

教导孩子动手"操作"是一件很复杂的事。 如果没有适当的教导，孩子的操作便会乱七八糟，而这类杂乱无章的动手操作正是孩子的特征；如果父母能对其加以指导，使其动作具有明确的目的性，这样孩子便会静下心来，成为一个真正的动手操作者。

"孩子的智慧在手指上"，换句话说就是，要开发孩子的智力，最简单有效的方法就是让孩子多运动自己的双手。特别是在幼儿时期，孩子的大脑发育很快，双手动作灵活，这时多动手更能促进孩子的头部机能的发展，使大脑变得更聪颖。世界上有许多奇思妙想，都是通过手变成现实的：劳动的手创造了世界，也造就了人类。

所以说，培养孩子从小动手操作的好习惯是非常重要的。

实践也证明，许多成功人士所取得的成果，也都是通过无数次动手操作才成功的。

诺贝尔，世界上杰出的科学家、发明家和企业家，17 岁时赴外国学习和参观，学习机械、化学等知识，回到瑞典后从事硝化甘油的研究工作。之后一直从事炸药的研究、制造、生产、销售工作，同时也涉及其他的科学领域。

在诺贝尔的一生中，他的父亲对他的影响最大。他的父亲是一个"发明狂"。在父亲的影响下，诺贝尔对炸药产生了浓厚的兴趣。

有一次父亲带诺贝尔去参观自己的火药工厂。诺贝尔接触到了许多使他感到新奇的事物。此后，诺贝尔就更加勤奋地阅读各种书籍，尤其是有关科学研究的基本原则，有关机械、物理、化学方面的书，好让自己快一点明白父亲所说的那些陌生的东西。他在父亲的书架上，找出化学读本，翻看制造火药的方法。当他发现火药就是用硝石、木炭和硫黄混合制成的时候，兴奋不已，并准备亲自尝试火药的威力。

诺贝尔备齐了原料，并在药品库中找到装硝酸钾的瓶子，他把里面的白色粉末倒在小袋子中，拿回家后立刻关起房门开始做实验。经过一次次改进，他终于找出了一种最佳的混合比例，使火药的威力显著增强。在实验中他不断总结经验，还发现一个有关炸药的基本原理：把火药包扎得越紧，爆炸的强度就越大。

就这样，诺贝尔从游戏中、从不断的实践中完成了一个突破，为他以后从事炸药事业跨出了重要的第一步。这一步来自于他对自然的好奇、对书本的钻研，来自于他对危险的无畏，最重要的是来自于他反复的实践操作。可以说，是"手"为创造力提供了一套"有思想的工具"。

培养孩子善于操作的好习惯，是为了使孩子的身心头脑更协调，这也是家庭教育工作的关键和指南。著名教育家蒙台梭利指出：自由就是动作，动作是生活的基础。动作练习具有发展智力的作用；教导孩子动手"操作"是一件很复杂的事，如果没有适当的教导，他们的操作便会乱七八糟，而这类杂乱无章的动手操作正是孩子的特征；如果父母教他们动手操作，使其动作有明确的目的性，孩子便会静下心来成为一个真正的动手操作者。

手是伟大的，父母培养孩子从小动手操作的好习惯，相当于给孩子埋下了一颗"长青果"。至于如何培养孩子从小动手操作的好习惯，我们建议父母从以下几点入手。

1. 让兴趣引导孩子勤动手

孩子对身边的一切新鲜事物都有着很强的好奇心，这是由人的本性所决定的。 孩子会认为帮助父母是一件很光荣的事，父母应趁此机会让孩子勤动手，并引导其形成一种习惯。

孩子常常会摆出"小大人"的样子，说"我自己来，我会""妈妈放手，我能"等言语。 在这种情况下，父母应该放手，让孩子自己来。

在生活中，父母可以用一些废弃物品与孩子共同动手制作工艺品，比如，用蛋壳制作人的头像，或用泡沫雕刻一些形状简单的东西。 这样一方面能让孩子从小认识到双手的魅力，并让其懂得生活中有很多废弃物是可以利用开发、变废为宝的；更重要的是，"成就感"可以增强孩子动手的兴趣。

平时可以多买一些手工制作方面的图片或书籍，让孩子从中展开制作的想象力，并逐步培养自己动手制作的兴趣。 多让孩子做一些动手的游戏，像折纸、剪纸、粘贴、组装玩具等，多为孩子提供动手的机会。

2. 鼓励动手，增强孩子的信心

称赞是鼓励孩子、增强孩子信心再合适不过的一种激励方式。

当孩子做出一些"小成绩"的时候，不要忘记告诉孩子，他们是多么的优秀；当孩子帮你做了某一件"小事情"的时候，要告诉孩子，你是多么感激他们对你的帮助。 这种真诚的感谢会令他们更积极、更认真、更负责地做一个自信、热爱劳动的好孩子。

不要让孩子失去动手的机会。 有时父母会因为孩子动作太慢、太笨，而代替孩子去做。 这样容易使孩子养成依赖心理，产生很大的惰性。 不要强迫孩子做其不愿意做的事，或者其力所不能及的事，希望孩子做的，一定是孩子能够完成的，否则会挫伤孩子的信心与勇气。 因为父母一个否定的眼神或一声消极的语气，都对孩子有极大的"摧毁力"；相反一个赞赏的表情或一句激励的话语，又有着使孩子充满自信，并取得成功的力量。

3. 手脑结合开发孩子的智力

孩子动手做事是对大脑发育最好的刺激。 在孩子三岁前父母应该教孩子握笔、写字、做手工、拿筷子等，动手的同时会将新的刺激源源不断地输入大脑。 大脑的使用度愈频繁，其成熟度就会愈高。

大脑越用越灵，手越用越巧。 因此，父母应该安排孩子做一些必要的家务活。 例如，起床后自己叠被、扫地、擦桌子、饭后洗碗、刷锅、购买小件物品等。 要求孩子主动来做这些，对孩子能力和责任心的培养至关重要。

父母可以帮助孩子做一些简单的小实验，让孩子在动手的过程中开发智力，体验成功的快乐。 使孩子的思想及时地由被动操作向主动实践转换，从而养成手脑并用的好习惯。

## 培养孩子持之以恒的习惯

培养孩子具有恒心的方法有很多，如参加体育锻炼、读书自律等。 父母要根据孩子的意志特点，有针对性地培养训练，刚柔相济。 但根本之点在于启发孩子的自我需求，让其主动养成持之以恒的好习惯。

持之以恒是一个主观能动的心理过程。 具体来说就是，人在自觉地确定目标之后，能够根据目标来支配、调节自己的行动，坚持不懈，克服种种困难，最终实现目标。

其实，一个人要想生存就得不断积累经验，让自己无休止地自我创新。而无论是经验还是无休止的创新，都需要持之以恒的毅力。毅力不是瞬息而就，说有就能有的东西，它的形成需要一个过程。它的形成应该在家里，而不仅仅是学校。持之以恒的毅力对于孩子的意义是不言而喻的，但这恰恰又是孩子容易缺乏的。

"千里之行，始于足下；九层高台，起于垒土"，凡事业上有所作为的攀登者，无不是从小事做起，锤炼自己的意志。

一个孩子，如果连自己的学习用品都丢三落四的，又怎么能保证演算习题时不粗心大意呢？所以父母培养孩子的意志要持之以恒地从小事抓起，绝不姑息迁就，要一抓到底。

曾有学生问大哲学家苏格拉底，怎样才能拥有他那样博大精深的学问？苏格拉底听了并未直接作答，只是说："今天我们只学一件最简单、也是最容易的事，每个人把胳膊尽量往后甩，再尽量往前甩，"苏格拉底示范了一遍，说，"从今天起，每天做300下，大家能做到吗？"

学生们都笑了，这么简单的事有什么做不到的？

过了一个月，苏格拉底问学生们："哪些同学坚持了？"有九成同学骄傲地举起了手。

一年过后，苏格拉底再一次问大家："请告诉我，最简单的甩手动作，还有哪几个同学坚持了？"这时，只有一人举起了手，这个学生就是后来成为古希腊另一位大哲学家的柏拉图。

人人都渴望成功，人人都想得到成功的秘诀。然而，人们常常会忽视这样一个道理：即使最简单、最容易的事，如果不能坚持下去，也不可能打开成功之门。成功并没有秘诀，但坚持是它的过程。

培养孩子的恒心应从小事做起，不断进行训练。一个人的意志是否坚强，可以从他的意志行为中得到体现。在成长的过程中，独生子女缺乏恒心与毅力的现象比较普遍，这在很大程度上会影响孩子的学业、交往、品德及心理健康。很多时候，成功与失败往往就取决于一个人能否坚持到最后一刻。

培养孩子持之以恒的习惯的方法有很多，在此择要介绍几种。

### 1. 用兴趣引导孩子持之以恒的决心

兴趣是孩子高效率把事情做好的前提。在现实生活中，孩子并不是对必须去做的每件事都一定感兴趣，但是孩子对自己感兴趣的事，都有着明显的自觉性、持久性等高效率特点，而对于自己不感兴趣的事则往往需要父母的约束与督促。为了使孩子提高做事效率，父母应该引导孩子对事物产生兴趣。

很多上学的孩子比较喜欢的口头禅是"郁闷"或者"烦"。事实上，学习本身的确没有多少乐趣可言。然而父母却并不这么认为，他们一厢情愿地认为学习是最有意义的事情，并且一味地强迫孩子对学习产生"兴趣"。孩子的学习兴趣是需要父母去加以引导的，而不能靠强迫的方法来获得。

孙欣沉溺在电脑游戏中不能自拔，虽然三番五次地向妈妈写保证书，但一点儿也不起作用。为了帮助孩子改掉坏习惯，妈妈采取了这样的措施：限制孙欣每天上网的时间和内容，并引导他将上网与学习联系起来。结果孙欣通过上网来辅助学习，出现了一学就是半天，甚至忘记吃饭的现象，并由此对学习产生了兴趣。为达到一定的学习目标，孙欣还为自己制订了一个苛刻的学习计划表，并持之以恒地去做，最终实现目标。

2. 让强烈的欲望与责任感激发孩子的行动

无论做什么事，仅有明确的目标是不够的，还必须有实现目标的强烈欲望与社会责任感。例如，登泰山是很多人的强烈欲望，从山麓的红门到山巅的玉皇顶有七千多级台阶，而且越上越陡，到十八盘，每盘两百级，几乎是直上直下，每登一级都要付出极大的努力。对于一般的游客来说，如果体力不支，中途而返也无可非议，因为没有社会责任和义务。但对于挑夫来说就不一样了，从中天门出发肩挑120斤砂石、水泥等重物，一天上、下两个来回，支撑他们从事这种艰苦工作的力量是恒心，是所承担的家庭责任。

许多孩子不能攀登成功的顶峰，并非没有目标，而是缺乏由强烈欲望和责任感所激发的意志行动。

3. 适度创设困难磨炼孩子的意志

逆境、困境能铸造一个人顽强不息的意志品质，中外历史上不乏这样的事例。现在大多数孩子养尊处优，稍遇逆境决心就动摇。在他们小时候，如果父母能人为地给他们适度创设困难，让他们接受强大心理承受能力的锻炼，那么有朝一日他们面对逆境和困难的考验时，就能经受住锤打。

1999年，18岁的成都女孩刘亦婷被美国哈佛大学、哥伦比亚大学等四所世界一流高等学府录取，还获得了全额奖学金，成功的背后总蕴藏着艰辛。 刘亦婷 10 岁上四年级时，父亲给她设计了一个奇特的"忍耐力训练"——捏冰一刻钟。 手捏冰块自我折磨，这是对感受极限的挑战，是对毅力的考验。 一些好奇的大学生都试过，可没有一个人能坚持一刻钟。 由此可见，刘亦婷的成功绝非偶然。

艰苦的环境，特别是艰苦的生活环境和劳动，往往是对一个人意志最好的考验和锻炼，也最能培养人。

孟子说："天将降大任于斯人也，必先苦其心志，劳其筋骨，饿其体肤，空乏其身……"意思就是，恒心是在艰苦环境中自我锻炼出来的。 所以父母给孩子创设一些困境，让孩子的心理得到锻炼，这对于培养孩子的恒心和毅力都是很有必要。

### 4. 鼓励孩子挑战自己的弱点

急躁、懒惰、缺乏毅力、什么事都干却都难干到底……这些都是人性的弱点，也是实现人生目标、理想的巨大障碍。 一个人若能有勇气挑战自己的弱点，便能逾越障碍，获得成功。

春秋时期，吴王夫差打败了越王勾践，并霸占了勾践的妻妾。越王勾践忍辱负重，十年不食珍馐，不着锦缎，每天睡石床、舔尝苦胆，在艰苦的环境里挑战自己的弱点，以图他日能复国雪耻。后来，在勾践的不懈坚持下，吴王夫差终于被打败。

诸如此类的例子很多。 家长可针对孩子意志的薄弱点，选取一两个突破口，鼓励孩子挑战自我。 可以说，这是为孩子铸造恒心的良方。

培养孩子的恒心的方法还有很多，如参加体育锻炼、读书自律、在集体中接受监督、严守诺言，等等。父母要根据孩子的意志特点，有针对性地培养训练，刚柔相济。但根本之点应在于启发孩子的自我需求，让其主动养成持之以恒的好习惯。

## 不断强化孩子积极参与的意识

很多孩子常常看见大人们做什么，就吵着也要去做。这既是孩子有参与意识的表现，也是孩子开始出现独立意识的表现。这时，父母应尽力协助，给予孩子自由发挥的机会。虽然孩子很可能还做不好这样的事情，但能不能做好与孩子的参与意识相比，就显得微不足道了。

孩子在两三岁的时候存在着"我自己来"的心理要求，但这时他们往往什么也干不好。有的父母图简单省事，对孩子的这种主动性和表现欲采取不理睬的态度，仍像原先那样包办一切，结果就会阻碍了孩子心理的健康发展。

孩子要求"自己来"的时候，父母应因势利导，教他们一些自我服务的技能。其实，这种教育是很简单的，只要父母端正态度就可以了。

一般来说，父母从孩子身边的事情教起，如穿衣服、脱衣服、吃饭、洗手、收拾玩具等。教孩子不要急于求成，每件事都可以分解成若干小步，每次做到一两个小步，逐渐达到熟练的程度就可以了。

父母可以专门为孩子准备一些小工具，如小喷壶、小围裙、小拖把等。这样既能教会孩子技能，还可以给自己添个小帮手。

孩子有参与意识是好事。很多孩子，特别是小孩子，常常看见大人们做什么，就吵着也要做什么。

男孩子看见哥哥或父亲骑自行车，就会哭着要骑自行车。虽然他的脚还够不着踏板，却总是跃跃欲试。女孩子看见母亲洗衣，有时也哭着要洗衣。这既是孩子有参与意识的表现，也是孩子开始出现独立意识的表现，他们希望像大人一样有事可做。

如果孩子出现这样的要求，父母不要随便给他们泼冷水，说出"你人才比车子高一点，就想骑车子，别把车子摔坏了""人小小的，就想洗衣，不要把衣服洗脏了"等话语。

泼这样的冷水是很容易伤害孩子自尊心的，对他们的健康成长十分不利。孩子可能确实是太小了，还不能做这样的事情，可是能不能做这样的事情与孩子的参与意识相比，前者就显得微不足道了。

孩子有了参与意识，有自己尝试的意愿，父母就应该尽力协助，给予孩子自由发挥的机会。这对孩子的成长很重要。孩子如果成功了，父母要加以鼓励。如果没有做好，不应责备，更不应该从此以后不让孩子做这样的事情，因为任何事情都有一个学习和熟悉的过程。

当孩子们要求做某种尝试时，即使我们知道会有许多困难，或者不会成功，也还是应该给孩子一个尝试的机会，让他们去考验自己的能力。有时孩子可能会想出父母想不到的办法，产生超乎寻常的构思。如果事先就以肯定会失败为由而不许孩子尝试，那么孩子内心潜伏的无限可能性就无法得到发挥。这种害怕失败的心理状态，会使孩子不敢轻易尝试新的事物，从而养成保持缄默、消极和被动的不良习惯。

事实上，任何人走向成功通常都要经历无数次的探索与失败。人们在做一件事情的时候，都有一个学习与实践的过程，而且开始通常也都是做不好的。 通过不断的实践，才会由做不好达到做得好。

就以洗衣服这样一件简单的事为例，一个人初次洗衣服时肯定洗得不干净。 因为他没有洗过，没有经验，不知道怎样才能洗得干净。 做饭也是一样，很多人第一次做饭，不是少放了水，把饭煮得过硬，就是多放了水，把饭煮得过稀。 这是不足为怪的。 因而，如果孩子第一次做什么事，做坏了，父母不要过于责备，而应帮助他总结经验，找出没有做好的原因，下次加以改进，可能就会做好了。

"失败是成功之母"，说的就是这个意思。 没有失败，哪里会有成功？ 不过这个道理说起来简单，做起来却并不容易。 有些父母看见孩子没有把事情做好，就干脆自己来代劳。 他们的说法是"我自己动手省事得多"。 这种越俎代庖的做法，对教育孩子是极为不利的。

对孩子的选择和决定，父母既应监督，也应检查。 必要时，还应给予帮助，帮助和启发孩子做出正确的选择。 这是因为孩子的选择有时不一定完善，可能会有不够妥当的地方。 只要没有什么不良的后果，父母就应尽量不插嘴，让他们自己去总结，并从中吸取教训。 这样，孩子可能会取得更大的进步。

儿童心理学专家做过一项测试：父母在超市购物的时候，让孩子与父母选购物品，一般来说，孩子都会与父母合作，很少出现不听话或使性子的举动。 购物的时候，父母可以诱导孩子，让他做一些小小的选择，比如问孩子："我们今天是买梨呢还是橘子？"并且要经常鼓励孩子，比如说："宝宝帮妈妈找到麦片了，真乖。"父母只要这样自始至终地鼓励孩子参与，自然比等孩子捣乱的时候再想法制服他更有效。

当然，在此过程中，父母的态度一定要平和，目的要明确，不要使用犹豫、不耐烦及粗暴的口吻。一句话，就是要让孩子明白父母到底要他做什么。比如父母要带孩子出门，不能说"快，走了"这样很笼统的话。而应该蹲下去，正眼看着孩子，很和气地说："把外衣穿好，帽子戴好，我们要出去了。"孩子如果按照要求做了，父母就应该抓住机会进行表扬，强化孩子的这种行为。

具体地说，父母可以采用以下几种方法强化孩子的参与意识。

### 1. 父母给孩子选择的权利

要让孩子参与，就要给孩子相应的权利。有的父母错误地认为，孩子如果有了适当选择的权利，就会产生占了上风的感觉。因此，常常只让孩子在"是"或"不"之间进行选择。其实这样会限制孩子的思考范围。但话又说回来了，刚开始的时候，也应提倡孩子在两样东西之间进行选择，以免把选择范围弄得太大，孩子无法进行有效的选择。

如果孩子选择了父母所提供的范围以外的东西，父母可以这样教导孩子："这个选择不错，但它不在我们选择的范围之内。"

### 2. 让孩子感到同父母一起做事有意思

孩子之所以愿意与父母一起做事，很大程度取决于有没有意思。比如，孩子刷牙的时候，父母给他念一首刷牙的儿歌，让他跟着歌中的步骤刷牙，孩子就会感到很有意思。如果孩子拒绝穿衣服，父母可以对他说："听，小裙子说话了，'我是你的小裙子，快点儿快点儿把你的头伸进来。'"父母大概会觉得这样做有点可笑，但孩子却是很喜欢的。

### 3. 父母要强调合作的益处

父母要让孩子知道，跟大人合作也是为了他自己好。 如果孩子明白了这一点，就会产生很大的积极性。 一般的情况是，两三岁的孩子已经懂得好多道理了，父母用孩子能够接受的语言跟他解释做这件事对他的益处，孩子是可以接受的。 比如说，"你和我一起把桌子收拾干净就可以画画了" "你换好睡衣就可以听妈妈讲故事了"。

只有希望参与，才可能取得最后的胜利。 即使孩子失败了，也不要灰心，要敢于让他接受再一次的失败，再进行下一次的参与。有这样的决心，你还怕孩子不积极参与吗？

# ◇  如何强化孩子的参与意识  ◇

▲ 父母要给孩子选择的权利

▲ 让孩子感到和父母一起做事有意思

▲ 让孩子知道做事的先后顺序

# 高情商家教思维

1. 列举一些你认为能让孩子受益一生的好习惯。

_____

_____

2. 你的孩子撒谎吗？ 你相信自己的孩子吗？ 怎样培养孩子诚信的好习惯？

_____

_____

3. 你的孩子动手能力如何？ 试着认真评价一下，针对自己的孩子制订一个计划，训练孩子的动手操作能力。

_____

_____

4. 针对自己的孩子制订一个计划，培养孩子持之以恒坚持的好习惯。

_____

_____

5. 邀请自己的孩子参加家庭事务管理，给孩子提出想法的机会并认真对待。

_____

_____

# 第九章　营造氛围，帮孩子塑造好性格

## 让孩子变得更坚强

培养孩子坚强的意志品质，需要父母的榜样力量。懒懒散散、生活懈怠，做事没有信心，经常半途而废的父母，是难以培养出具有坚强意志品质的孩子的。

很多家庭条件优越的孩子，从小不太可能经历艰难困苦。这就使得他们很容易产生依赖心理，也很难养成坚强的性格。然而，孩子将来所要面对的却是复杂的社会，难免会遇到挫折和困难，没有坚强的性格，是不能适应激烈的社会竞争的。

美国心理学家威蒙曾对 150 名有成就的智力优秀者做过研究，发现智力发展与三种性格、品质有关：一是坚持力，即勇敢面对困难，并坚持到底；二是善于为实现目标，不断积累成果；三是有自信，不自卑。可见，坚强的性格对人生十分重要。

为了培养孩子良好的心理素质，使孩子具有坚强的意志、美好的心灵、活泼开朗的个性，为造就合格人才奠定基础，父母应从小注意锻炼孩子的意志，重视孩子的自信心和勇敢精神，这是做任何事情想要获得成功的基础。受到不同教育的孩子，他们的意志力、自信心会有不同的表现，比如，有的孩子有一股韧劲儿，做什么事情都愿意亲自试一下，有点磕碰也不会哭；但也有的孩子胆小怕事，碰到生人会往后躲，什么事情也不敢尝试一下，父母一批评就哭，生活自理能力差。

心理学家指出，性格是人对现实的稳定态度以及与之相适应的习惯性行为方式，是人格的一个重要方面。性格属于非智力因素范围，与智力因素组成心理活动的两个相互联系、相互影响的方面。坚强的性格有利于调动人的积极性、主动性和强化脑细胞活动，使智力活动呈现积极状态，从而使人在学习、工作中产生异乎寻常的高效率。

在现实生活中，人的性格是多种多样的，在各种各样的性格中，最优秀的性格是坚强性格，具有坚强性格的人具有坚持力、自制力，能不怕困难勇往直前，在学习生活中不断取得成功。

那么，如何培养孩子坚强的性格呢？各位父母不妨从以下几点做起。

### 1. 给孩子独立锻炼的机会

如让孩子单独活动，同生人谈话，与小朋友来往，独立完成作业等。即使有一定困难也要让孩子自己去做。因为只有让孩子经常完成具有一定难度的事情，他才能体验克服困难后成功的喜悦，从而增强自信心，并变得坚强起来。

### 2. 要求孩子从小事做起

千里之行，始于足下。从小事做起，持之以恒，是磨炼意志的好方法。许多在事业上有成就的人，都曾通过小事情磨炼自己的意志。

著名科学家巴甫洛夫，以工作精确、细致著称。他写字十分工整，字像印刷出来的一样。年轻时，他就把工工整整地书写作为磨炼自己意志的开端。

我国体育名将周晓兰，在球场上吃苦忍痛、意志坚强，也与她小时候在小事上的磨炼分不开。 上小学时，周晓兰常因看电影而耽误功课，在父亲的帮助下，她从克制看电影做起，功课做不完，就把电影票退掉，再好的电影也不去看。 经过一段时间，她战胜了自己，养成了很强的自制力。

正如著名文学家高尔基所说，"哪怕对自己一点儿小的克制，也会使人变得强而有力"。 因此，父母培养孩子的意志品质，要从孩子"小的克制"入手。 从小事做起，只是起点。 培养坚强的意志品质，要随着孩子的成长和进步，从小到大，从易到难，从低到高地磨炼孩子。 当孩子能够迎接越来越大的困难挑战的时候，一个意志坚强的孩子就站在你面前了。

### 3. 劳其筋骨，增益其所不能

大家知道，"劳其筋骨"是磨炼意志的重要方法。 适合孩子的艰难一些的劳动、体育活动，能使孩子坚强起来。 长途远足、爬山、跑步、游泳、较重的劳动……可供选择的内容很多，父母要指导孩子选择。 当然，其前提是避免盲目性，不能冒险，不能脱离实际。 要教育孩子：明确行动的目的，选择适合的内容和方式，一旦行动，不达目的不罢休。

### 4. 相信和尊重孩子

试着让孩子担负一定的责任，从而培养孩子的自我要求能力和坚持力。 心理学认为，让孩子担任一定角色可以使其性格向这个角色靠拢。 例如，某幼儿园的一个小朋友个人卫生不好，当让他来检查其他小朋友的卫生后，他自己的卫生状况明显好转了，并且在其他方面，如自尊心、责任心、协调性等方面也都有明显改善。 这个例子说明，孩子的性格受大人期望的影响较大，所以在日常生活中，父母应把孩子当作坚强的孩子来培养。

## 5. 让孩子保持健康的身体

一个身体虚弱的孩子对自己的身体没有信心，心情不好，必然怕这怕那，对人、对事积极不起来，性格也就很难坚强起来。相反，孩子的身体素质好，有信心，有勇气，就容易培养自信坚强的性格。

## 6. 培养孩子积极的良好品德

良好的品德受人喜爱和尊重，知识和智慧使人有信心。人的各种心理品质是相互影响的，培养各种积极的良好品德，都能有效地使孩子的性格变得坚强起来。

## 7. 要求孩子做一些力所能及的事情

例如，要求孩子摔了跟头不哭，打针不哭等。父母应利用孩子的好强心理，在孩子未哭时给予鼓励，如孩子真的不哭，就要及时强化效果。例如，有的孩子不愿意去幼儿园，常在被送到幼儿园时大哭大闹，父母可以一方面设法消除孩子去幼儿园的不适心理，另一方面应鼓励孩子"去幼儿园不哭的孩子才是勇敢的孩子"，一旦孩子不哭了，应及时鼓励，加上适当的奖励，这样孩子就会逐渐形成坚强的性格。

## 8. 防止因性别差异而形成偏见

有的父母认为，男孩子玩布娃娃没出息，女孩子玩冲锋枪不应该。好像女孩子生来就应该做饭带孩子，男孩子生来就应该舞枪弄棒，做大事业。成人这种偏狭的观念和做法极不利于孩子性格的健康发展。过早的女性化会损害女孩子的独立性和自信心，过早的男性化也会影响男孩的细致性和敏感性。

### 9. 对孩子要有耐心

有些孩子虽然一心想独立自主，凡事都坚持自己做，但实际上却往往是心有余而力不足，每件事情都无法做好，如吃饭时把桌面搞得一团糟，衣服穿得乱七八糟。有一些急性子的父母没时间等待孩子慢吞吞、无秩序的自主行为，所以凡事一手包办以提高效率和节省时间，这不但会剥夺孩子自主学习的机会，同时也会致使孩子形成依赖心理。因此专家们强调，父母一定要有耐心，让孩子慢慢学着自我探索成长，千万不可操之过急，凡事为孩子"代劳"，只会使孩子永远也长不大。

另外，好奇、爱发问也是幼儿最大的特点，父母在面对孩子提问时，不要急于给孩子一个标准答案，以免阻断孩子独立思考判断的能力，最好是解释出前因后果，慢慢启发诱导。

总之，强调坚强的性格对孩子的成长的必要性并非小题大做。很多具体事例都说明，当一个复杂问题出现时需要人们果断地做出决定，对性格坚强者来说，遇到问题能沉得住气冷静分析；而性格软弱者则不同，他们往往思前想后、优柔寡断，以致把事情办糟。坚强的性格对孩子成长非常重要，所以父母想要提高孩子的素质，就千万不能忽视这个方面。

## 让腼腆的孩子变得落落大方

每个孩子对这个世界都要经历一个从陌生到熟悉的过程。父母一定要相信孩子的能力，给孩子一定的任务，让他们做自己能做的事情，而不要老把孩子的缺点挂在嘴边，以免无意中强化孩子的缺点，使孩子变得更腼腆。

每当看到别的孩子在众人面前大大方方地唱歌、跳舞、与人交谈时，腼腆孩子的父母总不免流露出羡慕的眼神。羡慕之余，还打心眼儿里为自己的孩子不爱在别人面前表现的性格而着急，替孩子将来的交往能力担忧。

可光着急没有用，作为父母，必须试着改变这一切，让孩子变得落落大方，并帮孩子养成积极发言、大胆说话的习惯。

### 1. 培养孩子的口语表达能力

父母可以利用有趣的故事激发孩子的学习兴趣，每天抽时间给孩子讲故事。讲故事时，孩子提出疑问，要对孩子不懂就问的好习惯及时进行表扬。

有意识地训练孩子养成写日记的习惯。父母可以先启发孩子回顾当天或前一天的生活，选取自己感受最深的一件事，说一句或几句话，想怎么说就怎么说，表达自己的喜怒哀乐。由孩子说，父母执笔记录。在孩子说的过程中，父母随机进行点拨引导、纠正错误，丰富孩子的词汇。积累的词汇多了，孩子说话时的语言也就变得丰富起来了。

### 2. 主动创造锻炼孩子的机会

腼腆的孩子，在人多的时候总不愿意开口说话。如果是这样，父母就要主动为孩子创造锻炼机会。

有一年中秋节，龙龙和妈妈是在外婆家度过的。一大家子人团聚在一起，很是热闹。晚饭后，妈妈提议搞个"中秋家庭文艺演出"，得到了大家的赞同。

"谁来当主持人呢?"妈妈说。

"我!"龙龙的表姐大声地喊着。龙龙看看表姐又看看大家,没作声。他的神情充满了期待,但勇气却不怎么足。

妈妈觉得这么好的机会可不能让龙龙错过了。妈妈知道龙龙很崇拜少儿节目主持人董浩,便故意说:"嗯,姐姐挺像著名节目主持人鞠萍姐姐的。谁愿意做她的老搭档董浩叔叔呢?"

"我!"一提董浩,龙龙就来劲了。

于是,姐弟俩开始了他们的节目主持。

"首先请弟弟乐乐为我们讲一个故事。"龙龙神气地说。

小弟弟大大方方地用稚嫩的嗓音给大家讲了《三只小猪》的故事。大家都拍手叫好。

"下面请姐姐为我们表演舞蹈。"龙龙继续了他的主持。

"现在请龙龙为大家唱歌。"在大家的提议下,龙龙又做起了演员。

于是,孩子的外公拉二胡,舅舅唱《老鼠爱大米》,三个孩子也跟着唱:"我爱你,爱着你,就像老鼠爱大米……"屋子里充满了欢声笑语。

从这以后,龙龙的胆子大了不少,当着众人的面说话也大方多了。

## 3. 找到孩子的兴趣所在

可可有点儿口吃,从不主动与人说话。对此,妈妈想了很多办法,都不见明显效果。

有一天，妈妈发现她看到电视上播放《天线宝宝》，就激动地大喊大叫。妈妈想：孩子一定太喜欢天线宝宝了，如果天线宝宝跟她说话，她一定会兴奋的。

有一天，妈妈突然喊她："拉拉，你在哪儿?"可可反应很快，口齿清晰地说："蒂茜，我在这儿!"

妈妈忽然想到，好好地利用一下，或许能训练孩子说话和发言呢! 可可果然从天线宝宝那里学到了不少词汇。

后来，家庭成员的角色都换了，爸爸妈妈成了"蒂茜""波"，连奶奶也成了天线宝宝中的一分子。有了这样一个交际场，可可感受到了说话的乐趣，口吃的毛病也改好了。

## 4. 给孩子以奖励

茜茜很喜欢看书，五岁时就能独自看儿童读物了。幼儿园的老师都说她十分聪明，什么东西一学就会。可是，茜茜不够大方，不敢主动表现。比如老师让她上台领操，她摇头不肯，而这是很多小朋友都争着做的事。再如她的故事讲得很好，妈妈让她给姥姥、姥爷讲个故事，她也不干，即使讲了，也是有头无尾，还不停地做鬼脸。

专家表示，每个孩子都有自己的优缺点，对于孩子的缺点，父母不要老挂在嘴边，这样无意中会强化孩子的缺点。 父母可以和孩子以很轻松的语气说，如果她能够表现得非常大方，例如领操、很完整地给别人讲故事等，一次可以得到一枚她喜欢的贴纸，如果不能按要求去做，就要扣掉一枚贴纸，并且不能为贴纸讨价还价，否则也要扣掉一枚贴纸。 等孩子有了一定数量的贴纸后，就可以带她去游乐场或开展其他她喜欢的活动。 等她的大方行为巩固以后，可以撤销贴纸，辅以口头表扬，直到她的大方行为变成自动化。

5. 抓住生活中锻炼孩子的机会

有些孩子在家里能说会道，可是到了外面，见了生人就不敢说话了。

为了培养孩子的交往能力，父母每天应尽量抽空带孩子走向社会、走向群体；让孩子在与小朋友玩儿的过程中克服胆怯的心理。因为玩儿是孩子的天性，他们会在玩儿中不知不觉进行交往，同时，孩子会因为玩儿得开心而喜欢上与人交往。

父母一定要相信孩子的能力，给孩子一定的任务，让他们做自己能做的事情。 例如，特意创设机会，让孩子向邻居或周围的人借东西、送物品。 在与邻居、生人来来往往的过程中，孩子表现自我的锻炼机会多了，语言表达也会逐渐完整，交往的态度也将不断自然、大方。

父母还可以有意识地带孩子逛商场、购物，让孩子自己挑选要买的东西。 有位妈妈很聪明，她会故意装作找不到要买的东西，然后让儿子去问营业员，因为是孩子想买的东西，所以孩子很乐意去问。 刚开始时，孩子总要妈妈教他怎么说。 妈妈也总是耐心地教他，并及时鼓励他。 到后来，孩子就会很大方地去向营业员询问了。 如果买的东西少，这位妈妈还会给儿子钱，让他自己去购买。这不仅培养了孩子的社交能力，而且培养了其生活自理能力，可谓一举两得。

为了使孩子在学校里也能表现得出色，父母应和孩子的老师多沟通，向他们反映孩子的性格特点，以及点滴变化。 在学校老师的关心、帮助下，孩子在课堂上就会积极大方地发言、表演。

6. 积极给孩子创设"做客"的氛围

父母应多抽时间，把孩子带到朋友家做客。在做客之前，父母要告诉孩子去谁家，对方家里有什么人等情况，让孩子有个心理准备，并以一定的语言来消除孩子的怕生心理，激发孩子想去做客的欲望，如"我们今天要去的阿姨家里，有个姐姐，有很多的玩具，姐姐和阿姨都知道宝宝很能干，而且有礼貌，都特别想和你玩儿"。从而提高孩子与外人交往的信心。

另外，经常请客人到家里做客，让孩子体会小主人的自豪感。父母请来的客人，可从孩子熟悉的小伙伴到没接触过的陌生人逐渐变化，逐渐扩大孩子交往的范围，交流的对象。在鼓励孩子接待客人的过程中，父母不要急于求成，要给孩子一个锻炼、提高的机会，让孩子循序渐进。

比如，让孩子向客人问好、说再见，与客人一起分享自己的玩具，分享自己的作品，进而让孩子给客人端茶、送水、拿椅子，再鼓励孩子与客人交流，给客人表演节目，等等。

同时，在来往做客的基础上，父母要学会及时表扬、鼓励孩子。在孩子与生人接触的过程中，父母要关注孩子的表现，并对孩子每一个进步行为给予及时的肯定、表扬。比如，运用亲切的语言表扬："你今天的表现真棒！你会和叔叔、阿姨问好、说再见，叔叔阿姨都夸你真棒！爸爸妈妈也真为你高兴！"有时，甚至可以给予适当的贴纸、图书、食物及小玩具奖励。让孩子体会到进步的快乐。

总之，只要父母能积极地给孩子创设锻炼的机会，用心培养，并持之以恒，相信孩子进步带给你的惊喜将代替你原有的抱怨。

# 提升孩子的受欢迎程度

如果一个孩子很讨人喜欢，他不但会变得活泼开朗，父母脸上也有光彩。 未来的社会是孩子们的社会，父母应多方努力，提升孩子的受欢迎程度，这对孩子将来立足于社会大有帮助。

显然，父母们都期望自己的孩子能成为一个受大家欢迎的人。问题是，现实中却有不少孩子不招人喜欢，不受人欢迎。 这种情况在幼儿园和学校表现得很明显。 受欢迎的孩子，总有其他孩子围绕在身边；而不受欢迎的孩子却没人找他玩，总是一个人待在一边。

那么，到底什么样的孩子受欢迎呢？

### 1. 仪表好的孩子受欢迎

被父母打扮得整整齐齐的孩子往往更能讨人喜欢。 他们往往更能引起大人的怜爱，让人忍不住想亲他们一下。 相反，衣装不整的孩子常让别人敬而远之，并由这种恶劣的印象进而推想这孩子的其他方面可能也存在问题。 这种态度对一个孩子身心健康的发展是极为不利的。 因此，做父母的千万要让自己的孩子衣着整洁，穿戴不必名牌、昂贵，但要整齐、得体。

### 2. 喜欢笑的孩子受欢迎

一个小孩子要是满面笑容，那是多么可爱！ 你看，常常笑的小孩子总是处处受人欢迎，整天哭丧着脸的呢，是很令人讨厌的。

### 3. 有礼貌的孩子受欢迎

有礼貌的孩子懂得尊重别人。 他们动作自然，一举一动都能表现出自身的教养。 这种孩子无论到哪里都会很受欢迎。

### 4. 天真无邪的孩子受欢迎

有些父母教小孩子骗人，成功了，有的父母甚至会夸奖孩子，这种做法实在要不得。 天真是孩子的本性，父母不应该让孩子小小年纪就变得那么虚伪。 天真无邪的孩子才会受欢迎。

### 5. 健康的孩子受欢迎

健康可分为两种，就是生理上的健康与心理上的健康。 生理的健康是心理健康的基础，有了它才有快乐，才有行为的美，才有天真烂漫的表现。 心理的健康常常为人所忽略，对孩子来说就是不要自卑，要有自尊心。

### 6. 真诚的孩子受欢迎

人与人之间的交往重在一个"诚"字。 待人真诚的孩子往往能赢得更多的朋友，获得家人、亲友和老师的喜爱。 这种真诚表现在对人诚恳，不弄虚作假；犯了错误坦白承认，不遮遮掩掩，不说谎话骗人。

### 7. 正直的孩子受人喜欢

正直是一个孩子最不易形成的品质。 孩子的是非分辨力是很差的。 正因为如此，他们中少数人身上所具有的正直性格才那样难能可贵，受人欢迎。 正直的性格主要是指孩子的行为光明磊落，不欺负别的小孩，不做坏事和对不起朋友的事，遇到坏人坏事时，要勇于与之作针锋相对的斗争。

## 8. 聪明的孩子受人喜欢

因为大人在与孩子进行交流或教育孩子时，有一种潜在的期待，那就是希望孩子能又快又准地领会自己的意思，使自己的劳动不至于白费。聪明的孩子比其他孩子的领悟速度快，很快就能和大人们进行沟通，因而备受喜欢。

## 9. 积极主动的孩子受欢迎

孩子不能加入到别人的游戏中时，心里会很难过，而掌握一些交往技巧的孩子则能主动地参与到游戏中去。他们会用有趣的玩具吸引别人的注意力，还会用友善的语言或动作使自己加入到游戏圈子中去。

## 10. 懂得分享的孩子受欢迎

分享对孩子来说并没有损失，相反，还会给他们带来意想不到的收获。懂得分享的孩子在游戏中会说："来吧，大家一起玩儿！"这样的孩子很快便能与其他的孩子打成一片，而不会分享的孩子则只能一个人抱着洋娃娃在旁边玩儿。

## 11. 懂得谦让与合作的孩子受欢迎

在游戏中孩子之间发生摩擦在所难免，有些孩子往往自以为是，总以自我为中心，不愿配合其他孩子，这些孩子的行为往往会闹得大家都不愉快，结果导致游戏不欢而散。而在游戏中懂得谦让和配合的孩子却能使游戏在和谐的气氛中进行下去，自然也是下次游戏中孩子最愿合作的对象。

知道了什么样的孩子受欢迎，父母应如何帮助孩子提升受欢迎度呢？

### 1. 教孩子懂礼貌

这点非常重要，文明的人应该是有修养、有礼貌的。 这种品质需要父母对孩子从小进行培养，从小事入手。

教孩子懂礼貌，首先是要懂得语言礼仪，关于这一点，父母必须要把握下面"三把金钥匙"。 这三把金钥匙，第一把就是要让小孩子养成说"谢谢"的习惯，当人家给他做好了一件事情的时候，要教他说"谢谢"；第二把是让小孩子说养成"对不起"的习惯，当他对人做了一件不太好的事情的时候，要教他说"对不起"；第三把是要让小孩子养成说"请"的习惯，当小孩子有求于人的时候要教他说"请"。 有了这三把金钥匙，孩子一定会受人欢迎。

其次是社会规范礼仪："女士优先""公共场合不大声说话""按规定排队"等。

### 2. 培养孩子积极、快乐的性格

未来社会需要孩子能够勇敢地担起社会责任，具有积极乐观的生活态度、活泼开朗的性格和良好的社会品德，儿童时代的道德教育将奠定他一生的思想基础。 我们大人，谁都不愿意与性格沉闷、心胸狭窄、爱计较的人交往。 所以，父母应教孩子学会主动跟小朋友玩，热情主动地帮助别人。

### 3. 让孩子知道规矩

老话说"没有规矩不成方圆"，这个世界是有秩序的，如马路上的红绿灯。 有些性格独特，特别是在家被溺爱的孩子，以为社会像家里一样"要星星不给月亮"。

然而，社会并不会像家庭那样纵容孩子，情况甚至完全会被反过来。所以，父母要给孩子制定一些规矩，比如"在征得别人同意之前，不能乱动别人的东西""在楼道里不能大声喊叫，不能乱跑乱打，不能影响别人"等。

### 4. 教育孩子主动承认错误

孩子淘气很正常，躺着不动很可能是生病了。淘气就容易做错事，错了要勇于承认，主动道歉，求得别人原谅。如果可以补救，积极行动，将损失降到最小，这对孩子的做人、做事都非常重要。

### 5. 学会谦让，乐意与人分享

积极适应环境，协调好与他人、集体的关系是孩子的"必修课"，人们常说的"情商"重于"智商"就是这个意思。

在一起玩时，小朋友的性格特征会显现出来：有的喜欢拔尖儿，以"我"为中心；有的脾气大，稍不顺心就生气或大哭。启发孩子学会谦让，把玩具与同伴一起玩，感受到"大家一起玩才有意思"。同伴有困难时，要教导孩子给予帮助，让孩子体会"朋友"的含义。

其实，让孩子学会分享并不需要为他们讲述什么大道理，我们来看两对母子逛超市的情景。

> A妈妈和孩子一起选择食品，会边挑边告诉孩子："这是爷爷爱吃的，这是奶奶爱吃的，这是爸爸爱吃的，这是妈妈爱吃的，这是宝宝爱吃的。"回到家里，由孩子负责把东西分给大家。
>
> B妈妈和孩子走进超市，妈妈对孩子说："宝宝喜欢吃什

么东西，自己拿。"妈妈提着篮子跟在宝宝后面。回到家里，爸爸逗孩子："好吃的给爸爸点儿，好不好？"孩子却说："不行，这些都是妈妈买给我吃的，我谁也不给。"

许多家长感慨，现在的孩子太自私了，而且一点儿责任心也没有。其实孩子的自私与缺乏责任心很大一部分取决于家长的教育方式。将孩子真正当作家庭中平等的一员，对孩子不要只是不停地给予，而总是不求回报。要让孩子学会付出，家长的言传身教是非常重要的。

父母要想使自己的孩子成为更有魅力、更受欢迎的孩子，就应该在上述方面下功夫，有意识地加强孩子的好性格。

## 培养孩子乐观的性格

乐观的性格是孩子应对人生中悲伤、不幸、失败、痛苦等不良事件的有力武器。如果孩子无法乐观地面对人生，就会意志消沉，对前途丧失信心，而且长此以往，还会损害身体健康。值得庆幸的是，孩子乐观的性格可以通过实践逐步培养，悲观的性格也可以在实践中逐步被改塑。

美国有一对兄弟，一个出奇的乐观，一个却非常悲观。

有一天，他们的父母希望兄弟俩的性格都能改变一些。于是，他们把那个乐观的孩子锁进了一间堆满马粪的屋子里，把悲观的孩子锁进了一间放满漂亮玩具的屋子里。

一小时后，他们的父母走进悲观孩子的屋子时，发现他坐在一个角落里，一把鼻涕一把眼泪地在哭泣。原来，他不小心弄坏了玩具，怕父母会责骂自己。

当父母走进乐观孩子的屋子时，却发现孩子正在兴奋地用一把小铲子铲着马粪，把散乱的马粪铲得干干净净。看到父母来了，乐观的孩子高兴地叫道："爸爸，这里有这么多马粪，附近肯定会有一匹漂亮的小马，我要给它清理出一块干净的地方来！"

这个乐观的孩子就是后来的美国总统里根。他从报童到好莱坞明星，再到州长，直至当上了美国总统。这中间，乐观的性格起到了很大的作用。

乐观是孩子对未来充满信心和希望，而又不断进取的个性特征。孩子对那些能够满足自己需要的事物或对象，会产生一种积极的情绪体验，而对无法满足自己需要的事物则会产生消极的情绪体验。乐观的性格是孩子应对人生中悲伤、不幸、失败、痛苦等不良事件的有力武器。如果孩子无法乐观地面对人生，就会意志消沉，对前途丧失信心，而且长此以往，还会损害身体健康。

值得庆幸的是，孩子乐观的性格是可以培养的。早期诱发理论认为，人的性格是在后天的环境中逐步形成的，乐观的性格可以通过实践逐步培养，悲观的性格也可以在实践中逐步被改塑。

那么，应该怎样来培养孩子乐观的性格呢？

## 1. 引导孩子摆脱困境

每个孩子都会碰到不称心的事情，即使天性乐观的孩子也是如此。当孩子遇到困境时，父母要多留心孩子情绪的变化。如果孩子闷闷不乐，父母无论多忙，也要挤出一点儿时间来和孩子交谈，教育孩子学会忍耐、坚强面对，鼓励孩子凡事多往好的方面想，不要尽往消极的方面想。

6岁的乐乐已经上幼儿园大班了。一天，妈妈从幼儿园接乐乐回家的路上，就发现乐乐有点儿闷闷不乐。

妈妈问道："乐乐，今天幼儿园有什么高兴的事呀？"

"今天一点儿都不好玩。"乐乐不高兴地回答。

"为什么呀？出了什么事吗？"妈妈问道。

"今天幼儿园来了一个新同学，他很会说话，老给同学讲好笑的事情，同学们都不理我了！"原来，乐乐今天在幼儿园受到冷落了。

"那不是很有意思吗？以后，你每天都可以跟这样一个会说笑话的人玩了，你不高兴吗？"妈妈引导乐乐。

"可是，同学们都不理我了呀！"乐乐有些着急了。

"只要你和同学们一样与那位新同学一起玩，你们不是都可以玩得很开心吗？其他同学还是会跟你一起玩的呀！是不是？"妈妈问道。

"嗯，好像是。"显然，乐乐同意了妈妈的看法。一路上，乐乐又恢复了往常的快乐。

父母一定要注意观察孩子的情绪，只要孩子愿意与父母沟通，父母就要引导孩子把心中的烦恼说出来，这样，烦恼很快就会消失，孩子也会恢复快乐。当然，父母也可以帮助孩子克服一些困难，教孩子以正确的态度和措施来保持乐观的情绪，这些都是促使孩子摆脱消极情绪的好方法。

## 2. 父母自身要乐观

父母在教育孩子的过程中，自己首先要乐观。父母在工作、生活中同样会遇到各种困难，如何处理会直接对孩子产生影响。如果父母能以身作则，在面对困境、挫折时保持自信、乐观的心态，孩子也会受父母的影响，在遇到困难时，乐观地去面对。

平时，父母应该多向孩子灌输一些乐观主义的认识，让孩子明白，令人快乐的事情总是永久的、普遍的。不愉快的事情只是暂时的，不具普遍性。只要乐观地对待，生活仍然是美好的。

例如，碰到周末要加班去，就要对孩子说："今天妈妈要去公司加班，这表明妈妈的工作很忙。"孩子会觉得妈妈很能干，在公司是核心人员。而不要对孩子说："该死的，妈妈今天又要加班去。"因为这样孩子会觉得你是不得不去加班的，这就给孩子留下了不快乐的阴影。

## 3. 不要对孩子"抑制"过严

许多孩子不快乐主要是因为他们没有自由。父母的溺爱，往往会抑制孩子们的一些行为和举动，或者是替孩子包办一些事情，这样，孩子什么事都不用做，也就无法从中得到乐趣。

美国儿童教育专家认为，要培养孩子乐观开朗的性格，就不要对孩子"抑制"过严，而是要允许孩子在不同的年龄段拥有不同的选择权。

例如，对于两三岁的孩子，应该允许他自己选择早餐吃什么，什么时候喝牛奶，今天穿什么衣服；对于四五岁的孩子，应该允许他在父母许可的范围内挑选自己喜欢的玩具，选择周末去哪里玩；对于六七岁的孩子，应该允许他在一定的时间内选择自己喜欢看的电视节目，什么时候学习等；对于上小学的孩子，应该允许他结交朋友，带朋友来家里玩。

一般来说，只有从小就享受到"民主"的孩子，才会感受到人生的快乐。因此，聪明的父母不妨做个"懒惰"的父母，让孩子自己去选择、处理自己的事情。

### 4. 允许孩子自由地表现悲伤

孩子在遇到困境时，往往会表现出悲伤。父母应该允许孩子自由地表现悲伤。如果孩子在哭泣的时候，父母要求孩子停止哭泣，不能表现出软弱，孩子就会把心中的悲伤积聚起来，久而久之，反而会造成孩子的消极心理。

对于孩子表现出的悲伤或软弱，父母不要呵斥，应该让孩子尽情地发泄心中的郁闷，孩子发泄够了，他自然就会恢复心情的平衡。当然，如果孩子需要父母的帮助，父母应该及时安慰孩子，用相同的心理去感受孩子的情绪，努力引起孩子的情感共鸣，从而缓解孩子的不良情绪。

### 5. 对孩子进行希望教育

乐观的孩子往往对未来充满希望，悲观的孩子则往往觉得没有希望。因此，父母要对孩子进行希望教育。希望教育是一项细致的工程，需要父母及时地感受到孩子的沮丧和忧愁，帮助孩子驱散心中的阴影。

平时，父母要多引导孩子看到自己的进步和成绩，鼓励孩子想象自己的美好未来，让孩子对自己的未来充满希望。只要孩子对未来充满了希望，孩子必定会以乐观的心态去面对生活中的事情。

6. 丰富孩子的精神生活

丰富孩子的精神生活可以使孩子把注意力转移到其他事情上。

一方面，父母要鼓励孩子广泛阅读，让孩子在阅读中增加知识，升华思想。可以选择阅读伟人的故事、童话、小说等文学作品。

另一方面，父母要鼓励孩子多交朋友，为孩子创造与同龄人交往的机会，如带孩子到邻居家串门，邀请其他孩子到家里来玩。

再有，父母可多搞一些活动，如带孩子外出游玩；也可让孩子做一些创造性的活动，如利用废物制作小作品，通过丰富孩子的精神生活，让孩子在各种活动中体会生活的乐趣，增强对生活的信心，培养孩子乐观的性格。

## 天真活泼的孩子人见人爱

天真活泼是孩子健全人格的开端，是一生幸福、活力和创造力的源头。不活泼的孩子很难受到小朋友们的欢迎，长大后也不易融入社会。孩子正处于可塑性强的阶段，只要父母平时注意教育孩子的方式和方法，及时进行正确引导，就会培养出一个天真活泼的孩子。

有些孩子胆小怕生、不够活泼，家里来了客人，总喜欢躲到爸爸妈妈身后。对于这样的孩子，父母要有耐心，不要对孩子吼：
"你躲什么躲，叔叔又不是老虎！""你哑巴了？阿姨问你话了！"这些不合情理的话，非但不利于改善孩子的性格，反而会给孩子造成更大的压力。父母应该找出其中的原因，从根本上解决问题。

其实，孩子不活泼除了与遗传有一定的关系之外，很大程度上还与其后天的成长环境和父母的教育方法有关。

有的父母对孩子期望过高，要求孩子像大人那样自觉地坐着，聚精会神地看书，孩子感到十分好奇的东西也不准去摸、去玩，使得孩子习惯于按照父母的意愿去做事；有的父母为了保持室内清净和服装整洁，怕弄脏房间、衣服，对孩子的游戏加以限制，使孩子不敢玩、不敢动，逐渐变得死板；有的父母自己本身就很忧郁，易怒，天长日久，孩子也就变得情绪恶劣；有的家庭气氛紧张，父母对孩子态度严肃，孩子经常会感到紧张、压抑；有的父母平日里忽视给孩子创造足够的与小朋友交往的机会；有的孩子身体不好会影响做事的态度……

可见原因各式各样，十分复杂。让孩子有一个活泼的性格，是为人父母者共同的心愿。活泼的孩子做事积极主动，思维活跃，勇于探索，能够通过自己的活动获得新知识和新信息；活泼的孩子适应性强，对周围的事情能够保持一种乐观的态度，对人非常热情，也乐于与人交往。活泼的性格能使孩子保持愉快的情绪、健康的心理，有利于孩子想象力与创造力的发展；能使孩子更容易受到同伴和社会的欢迎，使孩子的个人生活充满欢乐和情趣；还能使孩子较好地对待挫折和烦恼，有较强的心理承受能力。

那么，父母应怎样做，才能培养孩子活泼的性格呢？

1. 健康的身体是活泼开朗性格的体质基础

如果父母注意观察，就不难发现，孩子在健康的时候情绪通常非常好，而如果生病了，情绪和活动就会出现异常。有的父母反映，孩子平时很好，做什么事情都按照规律去做，可是得了一场病之后情况全变了，这是因为生病容易打破他原来已经养成的好习惯。 因此父母要重视培养孩子健康的身体，让孩子有好的营养、充足的睡眠、足够的运动，以培养孩子健康的体魄。

## 2. 良好的家庭氛围是孩子活泼开朗性格形成的土壤

家庭应保持民主、和睦、宽松的气氛，不盲目按照自己的意愿去安排孩子的活动，保留孩子对合理要求的选择权。 孩子在这样的环境中心情轻松愉快，言行无拘无束，有什么想法都敢于、乐于和父母交流，容易养成活泼的性格。

父母要注意把孩子看作"平等"的人，尊重孩子的自尊心，关心他们的成功与失败，切勿用粗暴简单的方式对待孩子。 建议父母每天抽出 15～20 分钟时间和孩子聊天，内容可以是孩子喜欢的图书、游戏、活动等。

另外，父母应注意自己的情绪、性格以及为人处事对孩子潜移默化的影响，做到乐观豁达，不把自己的坏情绪传递给孩子。

## 3. 及时帮助孩子摆脱不良情绪

孩子有时往往会因为一点儿小事不高兴，或哭或闹或闷在心里，整天情绪低落。 这时，父母应注意引导孩子在心情不好的时候出去活动，转移注意力，调整自己的情绪。 同时，也要多鼓励孩子自己去克服困难。 建议如下。

（1）鼓励孩子从事体能运动，如跑步、爬山、跳绳等。

（2）鼓励孩子将心中的不悦或委屈用画画表现出来，并可以在画中做任何处置。

（3）鼓励孩子用唱歌的方式排解心中的不悦。

## 4. 不要让知识扼杀孩子的天真

过早地对孩子进行知识教育扼杀了不少孩子活泼的天性。 一位童话作家说，一个民族，如果小孩说大人话办大人事，那么大人必然说小孩话办小孩事。 可惜的是，有的父母虽然舍得为孩子花时间，但是却盲从社会上盛行一时的早期教育，热衷于让幼儿园里的孩子认字，学算术；有的家长一心想把孩子培养成天才，让孩子在一个又一个的特长班之间奔波……

还有的父母对孩子进行科学教育，他们给孩子证明地球是圆的，但孩子生活的大地分明是平坦地向四面八方展开的。 而且，孩子们直观地看到，并不是地球围绕着太阳旋转，恰恰相反，分明是太阳从东向西在他们头顶上转。

孩子的确错了，但父母没有必要急于纠正孩子的这种常识性错误，这样做只会在孩子头脑中留下一个解不开的疙瘩。

孩子的世界要比成人的那个所谓的客观世界丰富、广阔、有趣得多。 在他们看来，星星会眨眼，树叶也会沙啦啦地絮语长谈……他们自由自在地生活在自己的"天方夜谭"里，而父母向他们证明的科学真理，在孩子心目中，恰恰是不着边际的"天方夜谭"。 所以，父母不必急于向孩子灌输科学知识，他们早晚会明白那些道理，给孩子留一个思想的空间不是更好吗？

## 5. 避免对孩子要求过高

对孩子要求过高，就难免会过分严厉地指责和批评孩子。 孩子的本性是很活泼、很爱说话的，有的父母嫌孩子唠唠叨叨，就严厉斥责孩子，结果造成孩子不敢说话，死气沉沉。 在孩子该练习说话的年龄，如果不让他说话，他怎能学会用语言流利地表达呢？ 所以，只要顺其自然，不吓唬、压制孩子，他便能养成活泼大方的性格。

## 6. 帮助孩子扩大生活面

有的家长，特别是孩子的爷爷、奶奶总怕孩子受别人欺负，于是就不让他跟别的小朋友玩；或还没等孩子把话说完，已经按孩子的要求去做了。孩子既不需要动口，也不需要动手，这种过分依赖的孩子是不可能健康活泼的。

父母可以经常带孩子串串门，先从小伙伴开始，逐渐扩大至亲朋好友。举行生日会，或者与小朋友一起表演节目、画画、做泥塑等；还可以在去菜场、商场购物后，大人站在一旁让孩子自己去付款，习惯与生人接触后，让孩子单独去便利店买一些零星物品；还要经常和孩子一起观看《欢乐蹦蹦跳》之类的儿童电视节目，鼓励孩子一起唱一起跳。

## 7. 不要让物质代替亲情

物质生活的丰富并不等于童年的快乐，更重要的是父母的时间与精力的合理付出。值得警惕的是，一些经济条件很好的成年人，以优越的物质条件代替自己与子女相处的时间，把孩子寄宿在高价幼儿园里，富孩子成了情感生活的贫儿，高兴不起来，自信心也不足。父母改正了上述做法，时间长了，孩子自然会恢复天真活泼的天性。

孩子性情活泼，当然令人喜欢，但如果活泼得过了头，太放肆了，没有一点儿规矩，同样会令父母们头疼。做父母的都希望，如果自己的孩子性情活泼又规矩，那该有多好啊！父母在培养、教育、训练和管理孩子的实践中，要真正做得好，达到预期的目的，实在是一件很不容易的事。

现实生活中，许多父母往往会不由自主地走上了这样一个极端。为了让孩子活泼，就不讲任何纪律，任其为所欲为，一点儿规矩也没有，结果，孩子无法无天，放肆任性。为了让孩子有规矩，就不给孩子一点儿自由，这不许做，那不许做，结果把孩子弄得缩手缩脚，"未老先衰"，成了父母手中"呆板"的"木偶"，"牵之则动，息之则止"。

要把孩子培养成既活泼又守规矩的孩子，父母一定要掌握分寸，根据自己孩子的实际情况，确定究竟是要对孩子管得严一点还是要管得松一点。如此，举一反三，触类旁通，才能培养出既不失天真活泼，又落落大方的孩子。

# ◇ 培养孩子拥有坚强性格的方法 ◇

▲ 给孩子独立锻炼的机会

▲ 劳其筋骨，增益其所不能

▲ 要求孩子做一些力所能及的事情

▲ 要求孩子从小事做起

# 高情商家教思维

1. 评价一下你的孩子性格如何？ 列举出他的优缺点。

_____

_____

2. 如何让你的孩子性格变得更加坚强？

_____

_____

3. 如何让你的孩子具有落落大方、敢于表达、敢于质疑和提出问题的好习惯？

_____

_____

4. 你的孩子受欢迎吗？ 为什么？ 如何提升你的孩子的受欢迎程度，并把孩子培养成为一个受欢迎的人？

_____

_____

5. 如何对待孩子的幼稚和天真？ 你觉得现在是合适的时候让孩子变得成熟起来吗？

_____

_____

# 第十章　点燃热情，培养孩子的广泛兴趣

## 兴趣是孩子最好的老师

如果孩子对什么感兴趣，他就会学得很快；如果不感兴趣，你怎么教也收效甚微。兴趣是孩子最好的老师。培养孩子的兴趣，是父母教育孩子的第一课。

兴趣是指一个人经常趋向于认识、掌握某种事物，力求参与某项活动，并且有积极情绪色彩的心理倾向。例如，对绘画感兴趣的人，就会把注意力倾向于绘画，在言谈话语中也会表现出心驰神往的情绪。

"兴趣是最好的老师"，一个人如果做他感兴趣的事，他的主动性就会得到充分发挥。即使是十分疲倦和辛劳，也总是兴致勃勃、心情愉快；即使困难重重也绝不灰心丧气，而是会去想办法，百折不挠地克服它。如果让孩子去学他感兴趣的知识，学习的时间也许很长，但他会丝毫不觉得苦，反倒像是在游戏。爱迪生就是一个好例子。爱迪生几乎每天都在他的实验室辛苦工作长达 18 个小时，在里面吃饭、睡觉，但他丝毫不以此为苦。"我一生中从未做过一天工作，"他宣称，"我每天其乐无穷。"

达尔文在其自传中曾说："就我记得的我在学校时期的性格来说，其中对我后来产生影响的就是，我有强烈而多样的趣味，沉溺于我感兴趣的事物，喜欢了解任何复杂的问题和事物。"

世界上许多做出杰出贡献的伟人，都有自己的兴趣爱好。 爱因斯坦四五岁时，就对指南针产生了兴趣，他长时间摆弄它，心想那小针为什么总是指着同一方向。 他还能一次又一次，不厌其烦地搭积木，直到把又高又尖的"钟楼"搭好为止。 正是这种浓烈的兴趣和伴之而来的思索、追求，使他成了伟大的物理学家。

莱特兄弟孩提时期就对宇宙空间产生了浓厚的兴趣。 他们常爬到树上，踮起脚尖去摸月亮，结果呢？ 好几次都被重重地摔了下来。 他们的父亲知道后，非但没有因为两兄弟幼稚可笑的举动责怪他们，相反却启发、鼓励他们。 神话般的奇想和浓厚的兴趣引导着兄弟俩走上了研究航空的道路，1903 年，莱特兄弟真的驾驶着自己制造的飞机翱翔于万里碧空。 从莱特兄弟的故事可以看出，兴趣是学习的动力，是成功道路上的"助跑器"，是攀登科学高峰的阶梯。 它会帮助我们展开丰富的联想，持之以恒地去探求。 它使我们积极热情地去投入，使我们最大限度地发掘创新的潜能。

兴趣是智力活动的巨大动力，是人们进行求知活动和学习的心理因素。 兴趣比智力更能促进孩子学习，强烈而稳定的兴趣是从事活动、发展才能的重要保证。 兴趣是能力发展的根本动力，孩子各种基本能力的发展具有极大的潜力，无论是学习、运动，还是绘画、音乐。

孩子总是对世界充满了好奇心，这是他们珍贵的感觉之一。 失去了好奇心的孩子不但失去了小孩子的特性，更不能健康成长。 而孩子的好奇心得到满足时，就会感觉到生命充溢着欢乐和激情。 每个孩子的脑海中都有着无数个不断变化的问题，同样一个问题，在孩子感兴趣时，几分钟就可以教会，而他们如果毫无兴趣，往往几小时甚至几天也教不会。

孩子有了兴趣的事就很容易学会了。 作为父母要懂得做到恰到好处，才能激发孩子的兴趣。 称职的父母还要给孩子不断地蓄电充电，孩子看见他们时仿佛看见一座大山，浑身充满力量。 这时，父母培养孩子各方面能力的时机就到了。

## 鼓励孩子对事物产生好奇心

当孩子对某件事情感到好奇的时候，或是当孩子带着问题去问父母的时候，父母一定不要打击孩子的好奇心，也不要简单地将结论告诉孩子。 告诉孩子问题的答案远不如让孩子自己去思考"为什么"来得重要。

在孩子的眼里，这个世界是神奇的，他们在面对好奇的事情时总会打破砂锅问到底。 其实，好奇心是孩子宝贵的特性之一。 如果一个孩子失去了好奇心，就会觉得所有事情的发生都是正常的，一切事物都是平淡而麻木的，对什么事情都提不起兴趣。 让孩子提高兴趣最好的方法，就是激发他们的好奇心，如果孩子的好奇心得到了满足，就会对生命充满激情。

好奇心是一个人先天就有的一种对世界客观的反应。 这样的反应实际上就是人类积极探究新奇事物的一种特有的心理倾向，也可以说是人类特有的一种求知的本能。

随着哇哇地哭啼声和牙牙学语声，孩子在贪婪地汲取乳汁的同时，还渐渐具有了另外一种能力，那就是对周围事情的关注和好奇。 最开始他们喜欢问的是："这是什么？" "那是什么？"慢慢地，随着心智的发育， "是什么"已不能满足他们了，于是， "为什么"便常常从他们的嘴里脱口而出，不绝于耳。

其实，成年人对自己从未见闻过或并不知晓的事物，也会产生好奇心，只不过有许多东西我们已"见多而不奇"罢了。 而对于刚刚睁眼看世界的孩子来说，一切都是第一次接触，又怎么能不产生好奇心呢。 对于孩子的这种兴之所至的学习，我们不应该漠视，不应该心烦，倒是应该满怀欣喜。

要知道，正是这些带着问号的简单词语，牵引出孩子的学习兴趣。 我们应该把握住孩子的心理，及时给予解答和引导，不让这种宝贵的好奇心减弱或消失掉。

其实，很多父母都希望孩子能够多学一点儿知识，希望他们能博学多才，但是他们在做这些事情的同时都犯了一个错误，这个错误往往会不自觉地破坏孩子的求知欲和好奇心。

大家可能会经常看到这样一种场景。

下班后的父亲疲倦地躺在床上；母亲正在厨房里烧菜做饭，忙个不停。这时孩子跑过来，缠着父亲不停地追问："爸爸，这个到底是怎么回事？"

父亲不耐烦地说："我很累，让我好好休息一会儿，你去问妈妈吧！"

于是，孩子又跑到妈妈身边认真地问："妈妈，你看这个是什么原因呢？"

母亲也忙得不亦乐乎，哪里有工夫管他："你没看我在忙嘛，赶快走开！"

就这样，父母因为自身的原因破坏了孩子的好奇心和求知欲，当他们有空过问孩子的时候，孩子的兴趣早就没了。

很多家长在拼命地教育孩子多学一点儿知识，希望他们博学多才的同时都会犯这样的错误，往往会在不自觉间破坏了孩子的求知欲和好奇心。 这不能不说是家庭教育的悲哀。 然而，很多父母在不自觉地做过这些蠢事之后，还不断地叹息："我的孩子为什么不爱学习？"

如果孩子们拥有了解世界的强烈愿望，父母不需要花很多的时间和精力，就可以很容易地培养出他们对知识的兴趣。 那么，父母要怎么做才能保护孩子的好奇心呢？

父母可以在适当的时候用正确的方法引导他们的好奇心，回答他们的问题时不能敷衍，不能斥责，应该耐心而及时。 虽然这是一种看似简单的做法，但却是非常有必要的。

马丽的女儿在小时候具有很强的好奇心。当她第一次看到船之后回到家里仍然非常兴奋，竟然把马丽准备招待客人的菜当成船在玩，结果弄得桌子上一塌糊涂。眼看客人马上就到了，马丽心里无比焦急，但是马丽并没有责骂她，而是一边和女儿一起划起"船"，一边教她认识数字："一只，两只，三只……"

女儿渐渐长大了，她热衷于整日缠着马丽讲故事，或者提出一些稀奇古怪、意想不到的问题，简直让马丽难以应对。女儿总是抬起可爱的小脸不断地追问马丽，眼睛还紧盯着她，期待马丽的回答能让自己满意。女儿的问题如此之多，以至于马丽有时都难以回答上来，但她从来不会忘记一点，就是从不伤害或打击女儿的好奇心。

孩子们拥有了解世界的强烈愿望，所以父母不需要花很多的时间和精力就可以很容易地培养出他们对知识的兴趣。

有这样两位母亲，她们起初都对自己孩子的牙牙学语感到欣喜有趣，但不久之后，面对孩子没完没了的问题却表现出截然不同的态度。

一位母亲每当听到孩子提问就心烦："别吵了，哪有那么多的'为什么'！"或干脆置之不理。

久而久之，她的孩子确实变"乖"了，不再问大人任何问题，但同时母亲也发现他失去了孩童应有的活泼天真，对周围事物表情冷淡，反应迟钝。后来，母亲想教他认字、学算术，他也毫无兴趣，进步缓慢。

另一位母亲则对孩子的每一个问题都给予热情耐心的解答，回答不了的，就当着孩子的面向别人请教，或者和孩子一起到书籍中寻找答案。久而久之，她的孩子求知欲强烈，对事物的反应敏捷，接受能力也明显要比前一个孩子强，会自己去发现、去学习。大家都说这孩子悟性高，今后读书成绩一定差不了。

父母应看重孩子所问的每一个"为什么"，尽力满足他们想要"吞下去"的"食欲"，让孩子的智慧之树因营养充分而茁壮成长，开出艳丽的花朵，结出丰硕的果实。 总而言之，孩子不断成长的过程就是在一次次地追问中完成的。 推动孩子不断成长的方式就是启发孩子不断地追问。

## 从孩子的行为中寻找孩子的兴趣

父母应该顺应孩子的思维方法进行教育，激发孩子的兴趣，切不可抹杀孩子的兴趣。 孩子的兴趣是从他的行为中反映出来的，孩子的某些在父母看来是"不听话"的行为，可能恰恰就是孩子他们兴趣或品质的反映，父母应当从孩子的某些行为中去寻找孩子的兴趣。

如果我们仔细地观察一些父母的行为，或者认真地思考一下自己对孩子的教育过程，就不难发现，一些被视为教育子女的行为，实际上就是一种抹杀孩子兴趣的行为。

一个5岁的孩子把妈妈花了一上午时间收拾得整洁的房间，不到5分钟就搞得乱七八糟；新买来的玩具不到几天就被拆得七零八落；只要带着他出门，他便会挣脱了母亲的手，放着平坦的路不走，却要去走那些崎岖不平的羊肠小道，或者去走只有几寸宽的路沿。

孩子的这些行为引起了母亲的不满，便对孩子进行了教育。 那么，这时候母亲是怎样教育孩子呢？

当孩子把房间搞得乱七八糟的时候，母亲会教育孩子要爱护母亲的劳动成果；当孩子拆玩具的时候，母亲会呵斥孩子的破坏；当孩子在崎岖的羊肠小道或是在马路边的路沿上无所顾忌地撒欢儿时，母亲会把孩子揽在怀里，教育孩子要在平坦的大路上走。

这些行为真的是为孩子好吗？ 真的是在教育孩子吗？

实际上，那些面对玩具而不想搞清楚玩具里秘密的孩子，才应该引起父母的注意。 换句话说，拆卸玩具的孩子是在对陌生事物进行探索；把母亲收拾整洁的房间当作开火车、摆积木的场所，甚至把沙发垫子拆下来盖房子的孩子，是在发挥他们幼小心灵的才智；孩子认为在平坦的大路上行走单调乏味，那富于变化的小道、能够满足自己冒险尝试的很窄的路沿，才使他产生兴趣，从而发展自己的思维空间，试探自己那些被大人不屑一顾的能力，满足自己的好奇心，并有一种快慰感。

有这样一个故事。

一只雄鸡为自己和它的母鸡们找食物。有一次，它找到了一块宝玉，它对那块宝玉说："如果不是我，而是主人找到你，他会把你捡起来，非常珍贵地收藏起来，但是我找到了你，却是一点儿益处也没有，对我来说，与其得到世间的宝玉，还不如一颗荞麦粒来得好！"是的，荞麦粒才是雄鸡感兴趣的东西。

面对同样一件事情，不同的孩子会有不同的行为，从这些不同的行为中就可以发现孩子不同的兴趣。父母也可以从孩子那些不同的行为中找出孩子感兴趣的事情，然后再加以培养，这样才会有效果。如果父母只会对孩子的行为提出批评的话，那么父母就是在扼杀孩子的兴趣，让孩子对那些原本有兴趣的事情变得不再感兴趣。

孩子成材是每个父母都很重视的问题，只要父母的教育方法得当，把培养孩子兴趣的行为也视为一种教育，这样父母便会收到很好的效果。

## 孩子的兴趣是需要诱导的

兴趣是孩子学习和求知最大的动力，而善于诱导孩子的兴趣则是教育和培养孩子的最好方法。当孩子在某些方面表现出兴趣时，他将来往往就会在这些方面有所作为。所以，父母要善于诱导孩子的兴趣，让孩子从中去获得新的知识和有益的习惯。

兴趣是孩子对事物的主动选择，诱导则是促使和加强孩子的这种主动性，使兴趣变得持久、有目的。也许孩子们的兴趣不会持续很长时间，但这种天然的兴趣是不会改变的，除非在这方面遇到来自父母、老师等外部环境极大的压制或厌恶。

几乎所有的孩子都对小动物有浓厚的兴趣。他们会在没有任何督促和要求的情况下，花上一个下午去观察一群蚂蚁的活动，这就是兴趣的力量。

然而，即使让孩子花上一两年时间这样与蚂蚁玩，也并不能从中获得多少知识，这里面的关键就在于父母的诱导。


一位父亲第一次发现儿子对屋后花园里的蚂蚁感兴趣时，他也表现出了极大的兴趣，同儿子一起去观察小蚂蚁。

第一天，仅仅是看，是玩，看它们怎样把一粒面包屑搬回家，怎样跑回去报信，带来更多的蚂蚁……

第二天，他同儿子共同商讨了一份关于蚂蚁的"研究"计划：

在"自然笔记"里开设蚂蚁的专栏。

读有关蚂蚁知识的书，并做读书笔记。

了解蚂蚁的生理特点：吃什么？用什么走路？用什么工作？

了解蚂蚁群的生存特点：蚂蚁群有没有王？怎样分工？怎样培育小蚂蚁？

有了目标，儿子的兴趣更浓了。如果说开始他只是觉得好玩，那么现在他便觉得有意义了。这项研究持续了几乎一个夏天。在这项研究中，儿子不但学到了如何系统获取知识的方法，而且更锻炼了他达到目的的毅力。

父母在这种事上"所表现出来"的兴趣会使孩子获得肯定，需要注意的是，不能让孩子觉察出这是一件必须完成的任务，要不然，有的孩子会兴趣大减的。

然而，现在有些父母会按照社会或学校既定的模式去设计孩子的未来，并企图把孩子的兴趣与这些模式联系起来，所以他们就会按照他们的想法把"有用"的兴趣留下，把"无用"的兴趣删掉。实际上，对于孩子的心智发展来说，很难用"有用"或"没用"去区别他们的兴趣。

回过头来看，成人世界有目的和有意义的研究，最开始也是起源于兴趣，之后才是需要。在一种有意义的诱导下，孩子自然而然地就会把这种事当成了最大的乐趣。

每一个孩子都会对不同的事物产生不同的兴趣，这种兴趣就是孩子隐藏的某种潜能和特长的前兆，所以要父母运用合理的方法来进行诱导和培养。

父母该如何去诱导孩子的兴趣，从而来开启和培养孩子的智力呢？以下建议可供参考。

（1）当孩子对某件事物表现出兴趣时，不要因自己的主观认定孩子的某种兴趣是"无用"的而加以指责和否定。

（2）诱导孩子通过自己查阅和请教别人的方式来获得与自己的兴趣相关的知识。

（3）引导孩子养成记录知识的习惯。如果孩子还不具备文字记录的能力，父母也要给他准备一个笔记本，把题目写下来，让他口述。不要让孩子觉得这是一项"任务"或"作业"。

# 对于孩子的兴趣要尊重

兴趣是开启智慧之门的金钥匙，而父母要做的就是尊重孩子的兴趣，让孩子学自己想学的。 经常会看到有的孩子每天都要背一大堆的琴谱，然后苦着一张脸，坐在钢琴旁边练琴。 面对这种情况，孩子的父母也许会说："我们现在有能力送他来学，现在的孩子多幸福，想要什么有什么，我们小时候……"确实是这样，社会发展了，家庭经济条件也好了，社会对人才的要求也更高了，我们要顺应社会的发展。 但是，无论怎样的教育，首先要尊重孩子的兴趣。

要知道，人的兴趣本来就是单方面的，对于一件事情，也许孩子在开始的时候并不感兴趣，但是，如果父母可以引导、鼓励他们，给他们一个良好的环境和机会去接触和学习这件事情，就可以培养出孩子的兴趣来。 不过，在这之前，父母必须对孩子的能力和意愿以及其他方面的条件做再三考虑。

再说了，孩子的兴趣本来就是随着成长而改变的，有个孩子小时候喜欢玩棒球，还曾经把当棒球手作为自己的理想，但是，他长大了之后却成了一个研究天文方面的科学家。 其实，孩子在不同的年龄段就会有不同的兴趣，所以，不要太早就给孩子指出一条路让他去走。

尊重孩子的兴趣不是光说说就可以的，必须要有实际行动。 有的父母会尊重自己孩子的兴趣，但是当他们失去耐心的时候，孩子往往会成为他们的出气筒。 有的父母却不这样做，他们知道，那样对孩子的伤害会有多深。

在玩结构游戏时，向来非常听话的汤姆一直站在旁边，不管爸爸怎么鼓励、劝说，甚至责备也不肯参与游戏，爸爸并没有因此而失去耐心，更没有生气地对汤姆大声喊，而是问他："你不想搭公园，那你想玩什么？"汤姆说："我想搭一架飞机。""我批准了你的想法。"爸爸当即说。于是，汤姆高兴地玩去了。

其实，对于父母来说，搭公园和搭飞机差不多，关键在于孩子本身是否感兴趣。对于有兴趣的东西，孩子会产生一种强烈的学习欲望，并在学习中产生一种满足感、愉悦感。但是，有许多父母总是要求孩子像大人那样坐着，聚精会神地看书，对孩子感到十分好奇的东西却不准他摸，甚至不准问。这样一来，孩子没有兴趣，他便无法发挥主动性，根本就学不好，久而久之，孩子是会产生压抑、厌恶、叛逆心理的。

当孩子对某些事情不感兴趣或是对某件事情不屑的时候，父母一定不要和孩子对立，而是要诱导孩子。对孩子进行诱导的时候一定要有耐心，不要对孩子的无知抱嘲笑的态度。

在尊重孩子的兴趣时，最重要的是要充分了解孩子，调整期望值，因材施教。总有一些家长，对孩子的期望过高，今天拿唱歌跟这个比，明天拿画画跟那个比。能力强的孩子还好，比出了自信；能力弱的呢？就会比出自卑，比出压抑，比出越来越沮丧的心情。如果每位家长都能充分了解自己的孩子，制定出相应的目标，让每个孩子都在自己的水平上得到适当发展。那么，孩子学起来将会很轻松愉快，家长也将成为一名教育的智者。

# ◇ 父母不应该打击孩子的好奇心 ◇

　　父母永远都不应该打击孩子的好奇心。与其一味打压或敷衍他们，不如用正确的方法引导，耐心地回答他们的"十万个为什么"并鼓励他们自己动脑思考答案。

# 高情商家教思维

1. 在兴趣方面，评价一下你的孩子，哪些需要坚持，哪些需要放弃？

_____

_____

2. 如果孩子还小，兴趣不十分明确，试着从孩子的行为和注意力中找出答案并列举出来。

_____

_____

3. 你是如何引导孩子兴趣的？ 对于孩子的一些你认为奇特的兴趣爱好，你持什么样的态度？

_____

_____

4. 你觉得在孩子兴趣爱好方面，根据他的特点有什么值得改进的方面，和孩子一起列出一个详细的计划，坚持下来。

_____

_____